Quick Guide

Reihe herausgegeben von
Springer Fachmedien Wiesbaden
Wiesbaden, Deutschland

Quick Guides liefern schnell erschließbares, kompaktes und umsetzungsorientiertes Wissen. Leser erhalten mit den Quick Guides verlässliche Fachinformationen, um mitreden, fundiert entscheiden und direkt handeln zu können.

Uwe Kleinkes

Quick Guide Content Marketing für den B2B-Mittelstand

Wie KMU mehr Sichtbarkeit im Markt bekommen

2. Auflage

Uwe Kleinkes
Hochschule Hamm-Lippstadt
Hamm, Deutschland

ISSN 2662-9240 ISSN 2662-9259 (electronic)
Quick Guide
ISBN 978-3-658-47304-4 ISBN 978-3-658-47305-1 (eBook)
https://doi.org/10.1007/978-3-658-47305-1

Die Deutsche Nationalbibliothek verzeichnet diese Publikation in der Deutschen Nationalbibliografie; detaillierte bibliografische Daten sind im Internet über https://portal.dnb.de abrufbar.

© Der/die Herausgeber bzw. der/die Autor(en), exklusiv lizenziert an Springer Fachmedien Wiesbaden GmbH, ein Teil von Springer Nature 2020, 2025

Das Werk einschließlich aller seiner Teile ist urheberrechtlich geschützt. Jede Verwertung, die nicht ausdrücklich vom Urheberrechtsgesetz zugelassen ist, bedarf der vorherigen Zustimmung des Verlags. Das gilt insbesondere für Vervielfältigungen, Bearbeitungen, Übersetzungen, Mikroverfilmungen und die Einspeicherung und Verarbeitung in elektronischen Systemen.
Die Wiedergabe von allgemein beschreibenden Bezeichnungen, Marken, Unternehmensnamen etc. in diesem Werk bedeutet nicht, dass diese frei durch jede Person benutzt werden dürfen. Die Berechtigung zur Benutzung unterliegt, auch ohne gesonderten Hinweis hierzu, den Regeln des Markenrechts. Die Rechte des/der jeweiligen Zeicheninhaber*in sind zu beachten.
Der Verlag, die Autor*innen und die Herausgeber*innen gehen davon aus, dass die Angaben und Informationen in diesem Werk zum Zeitpunkt der Veröffentlichung vollständig und korrekt sind. Weder der Verlag noch die Autor*innen oder die Herausgeber*innen übernehmen, ausdrücklich oder implizit, Gewähr für den Inhalt des Werkes, etwaige Fehler oder Äußerungen. Der Verlag bleibt im Hinblick auf geografische Zuordnungen und Gebietsbezeichnungen in veröffentlichten Karten und Institutionsadressen neutral.

Planung/Lektorat: Imke Sander
Springer Gabler ist ein Imprint der eingetragenen Gesellschaft Springer Fachmedien Wiesbaden GmbH und ist ein Teil von Springer Nature.
Die Anschrift der Gesellschaft ist: Abraham-Lincoln-Str. 46, 65189 Wiesbaden, Germany

Wenn Sie dieses Produkt entsorgen, geben Sie das Papier bitte zum Recycling.

Vorwort

Die Welt des Marketings dreht sich aktuell immer schneller. Generative KI findet überall Nutzerinnen und Nutzer. An diesem Thema kommt man nicht vorbei und das Buch wird Ihnen in der Praxis helfen. Content Marketing ist aber seit vielen Jahren ein Hype-Thema. Unter den Schlagwörtern „Content is King", „Storytelling" oder „Mit Content zu mehr Kunden" gibt es eine Fülle von Publikationen. Dabei ist das Instrument Content Marketing nicht neu. Dr. Oetker verteilt seit Jahrzehnten Backrezepte. Der Landmaschinen-Hersteller John Deere publiziert seit 1885 das Magazin „The Furrow" und informiert Farmer darüber, wie man Felder besser bestellt. Kunden beschäftigen sich aus eigener Initiative mit diesen Unternehmen, weil sie von ihnen nützliche Informationen bekommen. Das Prinzip lässt sich auch auf kleine und mittlere Unternehmen (KMU) im B2B-Bereich anwenden.

Aus langjähriger Erfahrung mit eher technikorientierten Mittelständlern aus dem B2B-Bereich ist mir bekannt, wie schwer es ist, neue Pfade im Marketing einzuschlagen und die vielen Ideen und Vorschläge einzuschätzen und umzusetzen. Wer als mittelständisches Unternehmen im Wettbewerb bestehen möchte, darf sich aber nicht allein auf Produkte und Dienstleistungen verlassen. Auch im Business-to-Business-Bereich (B2B) sind gute und zeitgemäße Marketing-Konzepte und deren professionelle Umsetzung mehr denn je gefragt.

Das hat folgende Gründe:

- Der Wettbewerb für viele Unternehmen nimmt zu.
- Die Digitalisierung hat althergebrachtes Marketing zum Teil obsolet gemacht.
- Mit dem Werkzeug Content Marketing haben Sie gute Chancen, mehr Sichtbarkeit im Markt zu erlangen – gerade mithilfe von digitalen Medien.
- Mit generativer KI haben Sie ein mächtiges Werkzeug für Ihre tägliche Arbeit

Darüber hinaus können Sie das Werkzeug Content Marketing über die gesamte Customer Journey hinweg einsetzen – von der Erzeugung der Aufmerksamkeit über den Kauf bis hin zum After-Sales-Bereich.

In diesem Quick Guide finden Sie sowohl komprimierte Hintergründe als auch konkrete Planungs- und Umsetzungsmöglichkeiten.

Für wen ist dieses Buch?
Dieses Buch richtet sich an Praktikerinnen und Praktiker, die im Unternehmensalltag erfolgreich arbeiten wollen. Das sind Menschen, die entweder im Marketing bzw. in der Unternehmenskommunikation arbeiten, Mitglieder der Geschäftsleitung oder auch Vertriebler, die neue Perspektiven suchen. Das ganze Buch ist aus der Sicht eines mittelständischen Unternehmens geschrieben. Ich orientiere mich dabei an der EU-Definition von „mittelständisch", also ein Unternehmen mit maximal 249 Mitarbeiterinnen und Mitarbeitern. Damit sind entsprechende Ressourcen und Gestaltungsmöglichkeiten verbunden. Der Blick liegt in diesem Buch ganz klar auf dem B2B-Geschäft. Die Herausforderung, komplexe Produkte und Dienstleistungen zu vermarkten, ist anders als im Consumer-Geschäft. B2B-Kunden wissen in der Regel eine ganze Menge über die Branche und Produkte und lassen sich wohl kaum mit billiger Werbung als Informations- und Anwerbegrundlage abspeisen. Neben den vielen praktischen Hinweisen gibt es in diesem Buch eine komprimierte Grundlage zum Thema Marketing – warum und wie wir das alles machen.

Wissen

Die ersten drei Kapitel richten sich an alle, die nicht einfach irgendetwas beginnen wollen, ohne den Hintergrund aktueller Entwicklungen und anerkannter Theorien zu kennen. Theorie heißt, man muss das Rad nicht neu erfinden. Wenn man weiß, wie man ein Rad baut, geht es besser und schneller. Aber auch alle, die ihre Vorgesetzten sowie ihr Team überzeugen wollen, etwas Neues anzufangen, und dafür Argumente benötigen, können ihr Marketing-Wissen in sehr komprimierter Weise noch einmal auffrischen oder neu anlegen.

Machen

In Kap. 4 geht es um das Machen. Alle Schritte zum erfolgreichen Content Marketing werden erläutert. Sie erhalten Checklisten und Regeln, an denen Sie sich orientieren können.

Praxisbeispiel

In Kap. 6 finden Sie ein Praxisbeispiel, wie das Thema Content Marketing sehr erfolgreich und kreativ bearbeitet wird. Hier können Sie sich Anregungen aus der Praxis holen.

Wie man dieses Buch am besten nutzt

Mit dem Quick Guide haben Sie eine erste Herangehensweise an das Thema, mit der Sie loslegen können. Das Buch ist so angelegt, dass Sie es von Anfang bis Ende durcharbeiten können. Es ist also ein Arbeitsbuch. Sie werden unter Umständen Kapitel auslassen können, wenn Sie sich in einem speziellen Thema sehr fit fühlen. Sie werden aber auch ab und an in ein späteres Kapitel „hineinspringen", um sich spezifische Informationen, z. B. zum Thema Keywords, abzuholen, und dann wieder in das zu bearbeitende Thema zurückkehren. Ausführliche Literaturlisten und zahlreiche Internet-Links geben Ihnen die Möglichkeit, bei Bedarf Themen individuell zu vertiefen.

Ich wünsche Ihnen eine inspirierende Lektüre und freue mich auf Feedback an die E-Mail-Adresse uwe.kleinkes@hshl.de!

Hamm, Deutschland Uwe Kleinkes
November 2024

Inhaltsverzeichnis

1 **Marketing macht Verkaufen überflüssig**   1
  1.1 User in der digitalen Welt: Generation Z und Alpha haben neue Ansprüche   6
  1.2 Die Customer Journey und der Heilige Gral   8
  1.3 Kunden interessieren sich nur für sich selbst!   10
  1.4 Leads interessieren sich für Sie nur als Problemlöser!   11
  1.5 Besondere Herausforderungen von KMU im B2B-Marketing   13

2 **Content Marketing bringt Sichtbarkeit im Markt**   15
  2.1 Ziel des Content Marketings   17
  2.2 Eigenschaften von nützlichem Content   17
  2.3 Der Unterschied zwischen Content Marketing und Werbung   21

3 **Content Marketing bei B2B-KMU**   25
  3.1 5 Regeln für erfolgreiches Content Marketing bei B2B-KMU   25

3.2	Die Zielgruppe identifizieren	29
	3.2.1 Praktische Übung zur Marktsegmentierung mithilfe des Business Canvas	31
	3.2.2 Buyer Personas	33

4 Content Marketing machen — 39
- 4.1 Erster Schritt: Ziele, Strategie und Ressourcen — 42
- 4.2 Zweiter Schritt: Die Analyse — 50
  - 4.2.1 Der Content-Site-Check — 50
  - 4.2.2 Beispiel für eine Checkliste für den Site-Check — 53
  - 4.2.3 Der Wettbewerb — 55
- 4.3 Dritter Schritt: Die Planung — 59
  - 4.3.1 Themenfindung — 59
  - 4.3.2 Themenplanung und Redaktionsplan — 61
- 4.4 Vierter Schritt: Die Produktion — 63
  - 4.4.1 Formate für das Content Marketing — 65
  - 4.4.2 Texten fürs Web — 68
  - 4.4.3 Suchmaschinenoptimierung (SEO) — 70
  - 4.4.4 Keywords sind der Schlüssel zum Erfolg — 72
  - 4.4.5 Die richtigen Kanäle für das Content Marketing — 77
- 4.5 Fünfter Schritt: Das Management — 79
  - 4.5.1 Die Zweitverwertung — 80
  - 4.5.2 Gated Content — 80
  - 4.5.3 Erfolg messen – KPI für das Content Marketing — 82
  - 4.5.4 Gehe wieder auf Los! — 84

5 Generative KI: ChatGPT & Co. — 85
- 5.1 KI-Tools: ChatGPT und Co. — 87
- 5.2 Stärken und Schwächen generativer KI — 90
- 5.3 Prompt Engineering — 91
  - 5.3.1 Rolle festlegen — 93
  - 5.3.2 Ziel erläutern — 94

5.3.3	Zielgruppe genau definieren	94
5.3.4	Kontext	94
5.3.5	Tonalität festlegen	95
5.3.6	Format des Outputs	95
5.3.7	Beschränkungen angeben	95
5.3.8	So kann das Ergebnis aussehen	96
5.4	Anwendungsgebiete generativer KI im Content Marketing	96
5.5	Ethik, Datenschutz und Urheberrecht im Umgang mit generativer KI	99
5.5.1	Ethische Fragestellungen/Bias	99
5.5.2	Datenschutz	100
5.5.3	Firmenleitfaden zur Nutzung der generativen KI	100
5.5.4	Urheberrecht	101

6 Praxisbeispiel   103

Ausblick   117

Weiterführende Literaturempfehlungen   119

Glossar   121

Literatur   125

1 Marketing macht Verkaufen überflüssig

> **Was Sie aus diesem Kapitel mitnehmen:**
> - Was Marketing eigentlich ist.
> - Was sich im Marketing grundlegend geändert hat.
> - Warum sich Kunden eigentlich nicht für Sie interessieren und wie Sie das ändern.
> - Was die grundlegenden Herausforderungen für KMU im B2B-Marketing sind.
> - Wie diese Herausforderungen gemeistert werden können.

> Marketing ist die Ausrichtung des gesamten Unternehmens auf den Markt (Kirchgeorg 2019).

Oft wird im Mittelstand das Thema Marketing auf die Werbung reduziert. Dem Zigarrenzar Zino Davidoff wird das Zitat „Ich brauche kein Marketing, ich stehe jeden Tag im Geschäft" zugeschrieben. Leider ist vielen Firmen nicht bewusst, dass gutes Marketing einen Plan braucht. Bei schlechten Unternehmensergebnissen greifen einige Unternehmen hektisch zu operativen Maßnahmen („Wir machen mal eine neue Internetseite."). Für erfolgreiches Marketing braucht man aber eine Konzeption und die richtige Einstellung.

Marketing ist die Denkhaltung und Einstellung, bei der Kundinnen und Kunden immer im Mittelpunkt stehen
Dieser Satz ist eigentlich eine Banalität für ein Unternehmen. Sie wissen aber vermutlich selbst aus eigener Erfahrung, dass das nicht immer so ist. Dazu ein Beispiel aus der Praxis: Es ist seit Jahren bekannt, dass ein japanischer Airbag-Hersteller fehlerhafte Airbags an zahlreiche Automobilhersteller geliefert hat. Diese Airbags sind potenziell lebensgefährlich, da sie beim Auslösen Metallsplitter mit hoher Geschwindigkeit freisetzen können. Auch der Hersteller meines Fahrzeugs wurde mit diesen fehlerhaften Airbags beliefert. Fünf Jahre nach der Erstzulassung folgte für dieses Fahrzeug eine Rückrufaktion zum Austausch des Airbags. Eine Eingabe der Fahrzeugnummer beim Hersteller selbst hatte Jahre zuvor immer ergeben, dass kein Problem bestehe. Es geht noch weiter: Auf die Nachfrage beim Händler, warum man mich so lange mit einem potenziell lebensgefährlichen Bauteil herumfahren ließ, kam die Antwort: „Wir haben damit nichts zu tun. Wir verkaufen die Fahrzeuge nur." Diese Haltung zeigt, dass der Kunde auch bei einem mehrere zehntausend Euro teuren Produkt und einer Weltmarke anscheinend nicht im Zentrum steht.

Man findet solche Beispiele sehr leicht in der Praxis, wenn auch nicht immer so drastische. Man sollte aber immer sehr selbstkritisch sein. Auch ich habe mich gelegentlich geärgert, weil ich zum Beispiel auf ein Kundengespräch nicht optimal vorbereitet war und den Kundenfokus verloren habe. Wenn man lange genug „im eigenen Saft kocht", verliert man die Kundensicht ganz schnell aus den Augen.

> Mit der Einstellung zum Marketing verhält es sich fast wie im Spitzensport: Man will täglich besser werden, wohl wissend, dass man nie perfekt ist.

Ein positives Gegenbeispiel zum Autohaus: Mein Fahrradhändler hat mich mit einem Fahrrad, das ich gar nicht bei ihm gekauft hatte, aus Sicherheitsgründen nicht vom Hof gelassen. Bei der Verschraubung des Lenkers war das Gewinde von einer von vier Schrauben gerissen. Das hatte der Kundenbetreuer sofort mit einem Blick gesehen. Sie können sich vorstellen, wo ich mein nächstes Auto bzw. Fahrrad kaufen werde.

„Das Ziel des Marketings ist, den Kunden so zu kennen und zu verstehen, dass Produkte und Dienstleistungen passen und sich von selbst verkaufen." (Edersheim 2007)

Peter Drucker stellt fest: „Marketing macht Verkaufen überflüssig." (Höhmann)

Paart man diese Denkhaltung mit einer richtigen Strategie und professionellem Einsatz der operativen Marketing-Instrumente, so hat man eine **Konzeption** und gute Chancen, die Unternehmensziele zu erreichen.

Mit den richtigen Zielen, Strategien und Maßnahmen können Sie für Ihr Unternehmen

- neue Kundengruppen erreichen und so die Abhängigkeit von alten Kundengruppen verringern,
- den Umsatz steigern,
- sich durch eine geeignete Differenzierung aus Preiskämpfen heraushalten,
- herausfinden, was der Markt jetzt und in Zukunft haben möchte, und
- neue Mitarbeiterinnen und Mitarbeiter finden.

Content Marketing ist ein gutes Werkzeug für Unternehmen, die tatsächlich überzeugende, innovative und nützliche Produkte haben, mit denen man Lösungen für Probleme bietet. Wer dem Markt darüber passend „erzählen" kann, wird sich Wettbewerbsvorteile verschaffen. Content Marketing ist letztlich nur erfolgreich, wenn man den Kunden gut durch den Verkaufsprozess begleitet.

Dass man am Ende Umsätze und Deckungsbeiträge generieren und daher auch etwas verkaufen muss, ist klar. Der „Moment der Wahrheit"

(Brinker 2014) bleibt immer, dass ein Kunde Waren oder Dienstleistungen ordert. Insofern kann man das Zitat „Marketing macht Verkaufen überflüssig" so verstehen, dass man durch gutes Marketing niemanden überreden muss, Produkte und Dienstleistungen zu kaufen.

Die Digitalisierung hat im Marketing Grundlegendes geändert
Seit einigen Jahren findet die sogenannte 4. Industrielle Revolution statt. Diese Revolution erfasst alle Gesellschaftsbereiche und sorgt dafür, dass sich auch im Marketing vieles radikal geändert hat. Scott Brinker hat die Auswirkungen in seinem lesenswerten Aufsatz „A New Brand of Marketing" insgesamt sehr gut zusammengefasst. Der wichtigste Punkt dieses Artikels im Zusammenhang mit dem Content Marketing ist, dass Inbound Marketing inzwischen eine viel größere Rolle spielt (Brinker 2014).

Durch die vielen neuen digitalen Kanäle und die einfachen und preiswerten Möglichkeiten, Texte, Bilder und Töne zu versenden, sind wir heute täglich tausenden Werbebotschaften mehr ausgesetzt als früher (Koch 2019). Künstliche Intelligenz sorgt aktuell dafür, dass das Netz mit Content geflutet wird. Zudem sorgen Bots dafür, dass manchmal niemand mehr weiß, wer der Absender ist und wem man vertrauen kann (Agarwala und Novotny 2024). Verbunden mit der Tatsache, dass Unternehmen kein Informationsmonopol mehr haben und das Internet oft für transparente Märkte sorgt, informieren sich Kunden, wann sie wollen, wo sie wollen und wie sie wollen. Niemand hat mehr Lust auf Kaltakquise-Telefonate, Werbe-E-Mails und ungefragte Vertreter-Besuche. Als Anbieter sind Sie gut beraten, für Kundinnen und Kunden nützliche Inhalte bereitzuhalten und im Internet gefunden zu werden. Das ist der wesentliche Grund, warum ein Werkzeug aus der vordigitalen Zeit – Content Marketing – in der digitalen Welt eine besondere Bedeutung bekommt. Brinker spricht von einer „tektonischen Verschiebung" vom Outbound zum Inbound Marketing. Die Werkzeuge des Outbound Marketings, wie E-Mail-Newsletter, Anzeigen oder auch Kundenbesuche, werden zwar weiter ihre Bedeutung haben. Ihre Chance, sich vom Wettbewerb abzusetzen, besteht aber darin, Kunden mit relevantem Content digital zu erreichen. Und zwar mitten in einem Content-Dschungel, bei dem Ihre Kundinnen und Kunden oft den Wald vor lauter Bäumen nicht mehr sehen.

> Es gibt eine tektonische Verschiebung vom Outbound zum Inbound Marketing (Brinker 2014). Das Internet wird durch KI mit Content geflutet. Bots sorgen für einen Vertrauensverlust (Agarwala und Novotny 2024).

In der digitalen Welt suchen Kundinnen und Kunden online nach Lösungen und finden – hoffentlich – Sie

Die digitale Revolution ist aber längst nicht zu Ende. Brynjolfsson und McAfee schreiben in „The Second Machine Age", dass wir maximal die Hälfte des Weges der Digitalisierung zurückgelegt haben (Brynjolfsson und McAfee 2016). Die schlechte Nachricht für Sie ist, dass sich das Rad der digitalen Technologie immer schneller dreht. Es hat circa 75 Jahre gedauert, bis 75 Mio. Menschen einen Telefonanschluss hatten. Im Jahr 2012 hatte die Candy Crush Saga nach 1,3 Jahren 100 Mio. Nutzer. Chat GPT hatte in 2022 in fünf Tagen eine Million User (Abb. 1.1).

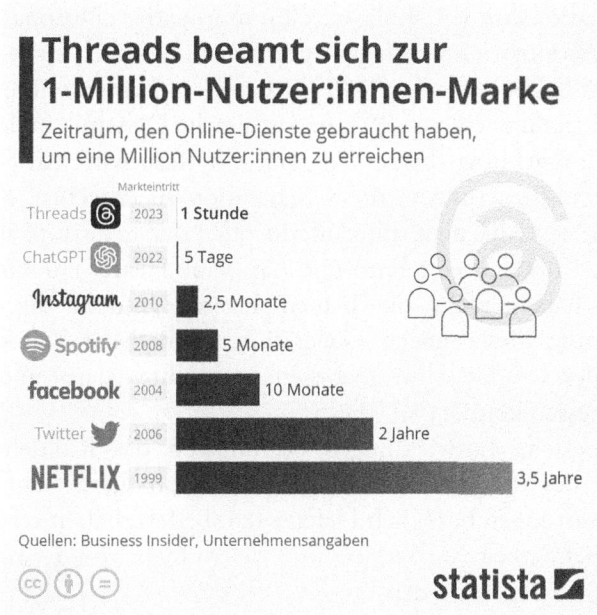

Abb. 1.1 Brandt, M. (2023). Wie lange Online-Dienste brauchen, um eine Million Menschen zu erreichen. Statista. Statista GmbH. Zugriff: 17. Oktober 2024. https://de.statista.com/infografik/29195/zeitraum-den-online-dienste-gebraucht-haben-um-eine-million-nutzer-zu-erreichen/

Nur Threads von Meta war in 2023 mit einer Stunde für eine Millionen Nutzer schneller.

Die gute Nachricht ist, dass Sie sich von Ihren Wettbewerbern differenzieren können, wenn Sie sich an ein paar Grundregeln halten (Abschn. 3.1).

1.1 User in der digitalen Welt: Generation Z und Alpha haben neue Ansprüche

Mit dem YouTube-Video „Die Zerstörung der CDU" hat der Youtuber Rezo eine ganze Volkspartei in eine kommunikative Krise gestürzt (Birnbaum et al. 2019) und es sogar unter dieser Überschrift „Die Zerstörung der CDU" zu einem Wikipedia-Eintrag gebracht. Es geht hierbei gar nicht um den Inhalt und darum, ob Rezo Recht hat oder nicht. Langfristig wird das der CDU nicht schaden, sofern sich die Partei auf neue Kommunikationsformen einlässt. Kommunikative Dissonanzen zwischen Generationen sind auch ganz normal und wirklich nicht neu. Man kann bereits bei Sokrates (469–399 v. Chr.) ein Lamento über das Verhalten der Jugend nachlesen. Was neu ist, ist die Dynamik in der technologischen Entwicklung. Dieser Vorgang um Rezo wirft ein Schlaglicht auf die Herausforderungen, diese Generation zu erreichen. Stellen Sie sich einfach vor, die neue Einkäuferin oder der neue Einkäufer Ihres wichtigsten Kunden heißt Rezo und hat blaue Haare. Für Ihr Content Marketing haben nicht die blauen Haare, sondern die Content-Wahrnehmung dieser neuen Generation dramatische Konsequenzen, weil Sie vieles, was Sie selbst über die letzten Jahre gelernt und gemacht haben, vergessen können.

Technologische Entwicklungen beeinflussen das Kundenverhalten. Unter dem Begriff „Amazonification" kann man zusammenfassen, wie Kundenerwartungen bezüglich Lieferzeiten, Ladeverhalten von Internetseiten, Erreichbarkeit von Services und vielem mehr von der B2C- in die B2B-Welt übertragen werden.

Wenn man die ersten 20 Lebensjahre als wichtigste Zeit für die Sozialisierung eines Menschen als Faustregel annimmt (Rump und Eilers

2013), kann man erahnen, wie es zu Kommunikationsproblemen zwischen Generationen kommen kann. Seit einigen Jahren ist eine Konsumentengeneration aktiv, die eine Welt ohne Smartphone gar nicht mehr kennt. Bei der sogenannten Generation Z spricht man von Menschen, die zwischen 1998 und 2016 geboren sind, und hier gilt das Prinzip „tl;dr" (too long, didn't read) (Dahm und Sauermost). Nach 2016 sprechen wir von der Generation Alpha, die in absehbarer Zeit Zielgruppe für den Nachwuchs in der Ausbildung wird. Mit Texten holen Sie diese Generationen nicht ab, sondern vermutlich eher mit Videos. Wenn Ihnen Ihr Google-Analytics-Tool mitteilt, dass die allermeisten Besucher Ihrer Website einen Desktop-Rechner nutzen, haben Sie vermutlich mehrheitlich Interessenten deutlich jenseits der 40. Für ein Seniorenheim wäre die Content-Strategie voll aufgegangen. Für ein Unternehmen, das noch in zehn Jahren Kundinnen und Kunden ansprechen will, eher nicht. Unter dem Titel „Ausbau einer effektiven Content Marketing-Strategie für ein mittelständisches Technologieunternehmen. Ist Instagram der richtige Social-Media-Kanal für das Unternehmen Raith?" ist unter meiner Betreuung eine Studentin dieser Frage erfolgreich nachgegangen (Rösen 2019). Instagram ist ein bildlastiger Kanal und man hat neue Möglichkeiten, ein jüngeres Publikum anzusprechen. Die Diskussion des Kanals ist Teil einer umfassenden Content-Marketing-Strategie. TikTok geht als videolastiger Social-Media-Kanal seit Jahren gerade beim jüngeren Publikum durch die Decke (The Economist 2021).

Ich poste, also bin ich
Aktuell versuchen traditionelle Unternehmen und politische Parteien mit mehr oder weniger großem Erfolg, Anschluss an die junge Generation zu bekommen. Viele Ältere fremdeln aber noch mit den neuen Medien und sehen sie eher als Belastung an. Der Aufbau eines Messestandes auf einer internationalen Messe ist für viele schon Stress genug. Dabei gleichzeitig auf Instagram oder TikTok posten, ist für die Älteren eine Denksportaufgabe und für die Jüngeren „business as usual". Der Designer und Visionär Buckminster Fuller prägte den Spruch: „Don't fight forces, use them" (Buckminster Fuller Institute 2014). Drehen Sie den Spieß um und

holen Sie sich junge Leute an Bord, die sowieso alles über die neuesten digitalen Kanäle wissen und oft die Haltung „Ich poste, also bin ich" mitbringen. Sie sollten nicht direkt jemanden einstellen, aber studentische Hilfskräfte oder Schülerpraktikanten können in der digitalen Welt eine gute Hilfe ein.

Neue Technologien kommen schnell: Manchmal muss man dabei sein
Seit dem Aufkommen der Sprachassistenten, wie z. B. Alexa oder der Google-Assistent, ist noch gar nicht klar, in welche Richtung sich solche neuen Technologien entwickeln werden. Vielleicht möchten Kunden in Zukunft via Screenless-Internet mit einem Bot oder Mitarbeiter sprechen?

Um erfolgreich zu bleiben, sollte man sich regelmäßig über das User-Verhalten bezüglich Content und Kanälen informieren. Das machen Sie am besten aus erster Hand, z. B. über studentische Arbeiten (Projekt-, Bachelor- oder Master-Arbeit an einer Hochschule in Ihrer Nähe). Sie werden nicht jeden Trend mitmachen können, aber es gibt wichtige Veränderungen, die unbedingt beachtet werden müssen. So fand 2015 das sogenannte „Mobilgeddon" statt (Cowley). In diesem Jahr hat Google seine Suchalgorithmen so geändert, dass mobile Inhalte bevorzugt werden. Man kann immer noch Internetseiten von – zumeist – mittelständischen Unternehmen finden, die nicht für eine mobile Ansicht optimiert sind. Für die Generation Z und Google sind Unternehmen mit alter Technologie damit im Prinzip unsichtbar. Welche Auswirkungen das Aufkommen generativer KI auf das Thema Suchmaschine hat, ist noch gar nicht abzusehen.

1.2 Die Customer Journey und der Heilige Gral

Eine Customer Journey beschreibt den gesamten Prozess einer Kundenbeziehung aus Sicht des Kunden und der Kundin – vom Erstkontakt über den Kauf bis hin zum After-Sales-Bereich und zum Wiederkauf

(Kuenen 2018). Über verschiedene Kontaktpunkte treten Kundinnen und Kunden mit Ihnen auf der Customer Journey in Interaktion. Da sind Webseitenbeiträge, Fotos auf Instagram, Messebesuche und persönliche Gespräche auf dem Messestand und vieles mehr. Als Unternehmen kann man versuchen, die Kundenreise mittels Customer Journey Mapping (Eichholzer und Oberholzer 2017) zu verstehen und möglichst in seinem Sinne zu beeinflussen.

Wenn wir bei dem Bild der Reise bleiben, so stellen Sie sich bitte eine Urlaubsreise vor. Eine Familie mit Kindern und zwei berufstätigen Eltern möchte eine All-inclusive-Reise machen mit dem Wunsch nach Sonnengarantie, Vollpension und Kinderbetreuung. Nach einer Google-Suche kann man fündig werden und eine Reise buchen. Um bei dem Bild zu bleiben: Die Reise ist ja nach dem Kauf natürlich nicht zu Ende. Bei Ankunft wünscht man sich Informationen zu Einkaufsmöglichkeiten vor Ort, das WLAN-Passwort des Hotels, die Öffnungszeiten des Pools, die Kinderbetreuung u. Ä. Im Laufe der Reise möchte man eventuell Informationen zu weiteren Ausflugsmöglichkeiten, da man vor Ort schon alles gesehen hat, und am Ende der Reise möchte man präzise Angaben zum Rücktransport. Es geht darum, die richtigen Informationen zum richtigen Zeitpunkt im richtigen Format zur Verfügung zu stellen. Man kann auch davon ausgehen, dass alle zunehmend erwarten, diese Informationen aufs Handy zu bekommen (Abschn. 1.1).

Auch die Customer Journey Ihrer Kundinnen und Kunden fängt nach dem Kauf erst richtig an, weil sie Ihr Produkt und Ihre Dienstleistung nutzen. Genauso, wie man sich bei einer Urlaubsreise zu verschiedenen Zeitpunkten unterschiedlichen Content wünscht, ist das auch bei einer Customer Journey im B2B-Bereich. Im Vorfeld eines Messebesuches wünschen sich interessierte Besucherinnen und Kunden beispielsweise den richtigen Content – und keine Werbung.

Content Marketing kann an vielen Kontaktpunkten und Stationen der Customer Journey über sehr viele Kanäle genutzt werden (Abschn. 4.4.5). Ihre Internetseite ist zumeist der wichtigste Kanal und somit der „Heilige Gral" im Content Marketing (Pulizzi 2014a). Das wird von vielen Unternehmen ähnlich gesehen (Janotta 2018).

Es gibt dafür zwei Gründe:

- Die Website inklusive Internet-Domain ist der einzige Kanal, den ein Unternehmen vollumfänglich und langfristig besitzt. Hier kann das Unternehmen alle Inhalte selber bestimmen.
- Die Reise eines (Neu-)Kunden zum und mit dem Unternehmen beginnt in der Regel im Internet mit einer Suchmaschinenrecherche. Die Suche endet dann hoffentlich auf Ihrer Website.

> Mittelständische Unternehmen sollten sich aufgrund ihrer sehr endlichen Ressourcen unbedingt bei allen Aktivitäten auf die eigene Website fokussieren. Alle (digitalen) Aktivitäten außerhalb der eigenen Website sollten zur eigenen Website hinführen.

1.3 Kunden interessieren sich nur für sich selbst!

> Your customers don't care about you, your products, or your services. They care about themselves. (Pulizzi 2014b).

Warum muss man das noch extra betonen? Viele mittelständische Unternehmen sind zu Recht stolz auf ihre unternehmerische Leistung. Manchmal aber wird z. B. auf der Firmen-Website zu viel Content darauf verwandt, um im Detail die Firmenhistorie, besondere Leistungen, die Bildergeschichte zum Aufbau der Produktionsstätten und vieles andere auf vielen Internetseiten direkt zu dokumentieren. In 30 oder mehr Jahren Firmengeschichte kann da so einiges zusammenkommen. Diese Informationen sollte man nicht unter den Teppich kehren. Reduzieren Sie selbstbezogenen Content aber auf ein Minimum und sortieren Sie diesen Content dorthin, wo ein Kunde sucht, wenn er Sie als potenziellen Problemlöser identifiziert hat: auf die Internetseiten weiter unten in der Sitemap. Folgende Aussagen sollte man direkt unterlassen:

- Wir sind das führende Unternehmen in …
- Wir lösen alle Ihre Probleme!
- Wir bieten von … bis …
- Wir sind die Nr. 1 in …
- Wir können alles!

Das interessiert kaum einen (potenziellen) Kunden oder eine (potenzielle) Kundin, denn er oder sie hat ein Problem und will dieses schnell auf Ihrer Website lösen. Sie sollten Ihrem Kunden sehr zügig erläutern, welches seiner Probleme Sie lösen können. Sie kennen das Gefühl vielleicht aus dem Baumarkt, wo im Prinzip alles vorhanden ist, Sie aber vor lauter Regalen und Produkten Ihre Problemlösung nicht finden. Der Unterschied ist, dass ein Baumarktbesucher vermutlich nicht zum nächsten, zehn Kilometer entfernten Baumarkt fährt, sondern einen Berater vor Ort fragt. In der digitalen Welt ist der nächste Anbieter immer nur einen Klick entfernt.

1.4 Leads interessieren sich für Sie nur als Problemlöser!

Gerade am Anfang der Customer Journey interessieren sich potenzielle Kundinnen und Kunden nur dafür, ob Sie ihr Problem lösen können (Abb. 1.2).

Kundinnen und Kunden werden sich dann für Sie interessieren, wenn Sie konkret beschreiben, welches Problem Sie für sie lösen können. Machen Sie ein „Wertversprechen". Mit folgenden konkreten Beispielen aus der Industriepraxis möchte ich das erläutern.

In der Materialbearbeitung zum Beispiel von Metallen bieten viele Firmen in Deutschland die sogenannte Dreh- und Frästechnik an. Hierbei können Formen aus Metall für Kunststoffspritzguss hergestellt werden. Für Nicht-Experten: Das sind hochpräzise Formen, in die Kunststoffe verfüllt werden. Im Überraschungsei finden Sie beispielsweise Plastikspielzeug, das mit dem Spritzgussverfahren hergestellt wird. Es gibt auch sehr hochwertige Anwendungen im KFZ-Bereich oder in der Medizin-

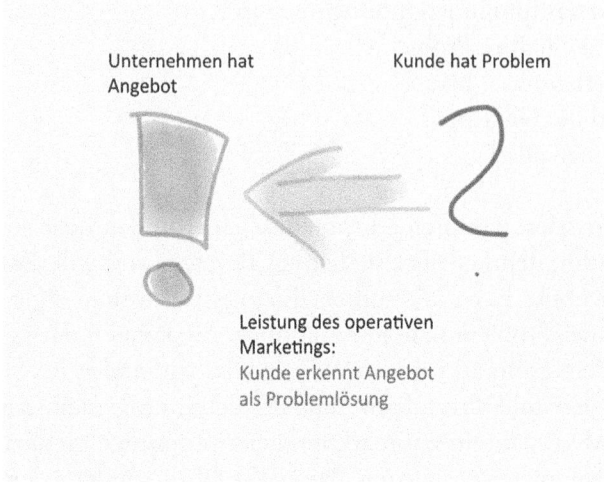

Abb. 1.2 Leistung des operativen Marketings

technik. Im Bereich von Dienstleistungen der Dreh- und Frästechnik könnte man sich folgende Wertversprechen überlegen:

- Kurze Reaktionszeit auf Anfragen
- Komplette Rückverfolgbarkeit aller Chargen
- Materialberatung im Bereich NE-Metalle

Im Maschinenbau werden zunehmend ältere Maschinen für die Industrie 4.0 fitgemacht. Im Bereich der digitalen Nachrüstung von älteren Produktionsmaschinen hinsichtlich Predictive Maintenance, also der vorausschauenden Wartung, könnte man beispielsweise folgende Wertversprechen kommunizieren:

- Keine Standzeiten mehr
- Keine Ausfallzeiten mehr
- Reduzierung der Ersatzteillager

Das Ultraschallgerät ist für viele Ärztinnen und Ärzte das Arbeitspferd der Praxis, das sie übrigens in der Regel auch selber bedienen. Anbieter von Ultraschallgeräten für Arztpraxen könnten folgende Wertversprechen anbringen:

- 24/7-Erreichbarkeit
- Kostenloses Ersatzgerät am selben Tag
- Finanzierung bei der Anschaffung

Adressieren Sie Ihre Kundengruppen so, dass sich die Kunden auf jeden Fall angesprochen fühlen, wenn bestimmte Begriffe aufgerufen werden. Oft ist es ein mühseliger Prozess, diese Kundengruppen genau zu adressieren. Die gefundenen Begriffe sollte man mit Kunden, die man gut kennt, testen.

Damit aus Ihrer Website aber kein Bauchladen wird („Wir sind für alle da …"), sollten Sie Ihre Kundengruppen priorisieren und möglichst nur die wichtigsten Gruppen auf der Startseite im Netz direkt adressieren (z. B. Menüpunkt „Ultraschallgeräte für Kardiologen"). In Abschn. 3.2 finden Sie hierfür eine konkrete Anleitung.

> Kundinnen und Kunden sollten Ihr Angebot als Lösung für eigene Probleme erkennen. Das ist die wesentliche Leistung im operativen (Content) Marketing. Machen Sie ein Wertversprechen.

1.5 Besondere Herausforderungen von KMU im B2B-Marketing

Kleine und mittlere Unternehmen (KMU) machen oft „Känguru"-Management: große Sprünge mit kleinem Beutel. Das Marketing ist für viele Unternehmen daher eine Herausforderung. Das Magazin Werben&Verkaufen hat die „Problemzonen" von KMU in vier Punkten zusammengefasst (Herrmann 2017):

1. Das Tagesgeschäft ist wichtiger als das Marketing.
2. Marketing ist nur Handlanger des Vertriebs.
3. „Trial & Error"-Modus kostet Ressourcen.
4. Hinterherhinken beim Thema Digitalisierung.

Für den Business-to-Business-Bereich gilt:

- Es ist oft Nischengeschäft (eigentlich kenne ich alle Kunden).
- Das Neukundengeschäft ist komplex und mühselig.
- Es werden oft komplexe, erklärungsbedürftige Produkte und Dienstleistungen angeboten, die für (Neu-)Kunden schwierig zu verstehen sind.
- Der deutsche Markt allein ist oft zu klein – viele KMU sind vom ersten Tag an international unterwegs.

Für das Content Marketing ergeben sich daraus Chancen und Risiken, die Sie kennen sollten. Wichtig für jedes KMU ist, dass Content Marketing in der digitalen Welt den Einsatz zusätzlicher Ressourcen bedeutet. Das heißt, dass Sie entweder Marketing-Budgets umschichten oder mehr investieren können (was Sie durch mehr Umsatz und Gewinn wieder einspielen sollten).

Gleichzeitig bietet sich die Chance, dass Sie Neukunden gewinnen können, die Sie durch Ihre konventionellen Maßnahmen vermutlich nie erreicht hätten, und Sie sich gleichzeitig auf dem Markt als Experte positionieren können. Im modernen Marketing geht es in erster Linie nicht ums kurzfristige Verkaufen, sondern um langfristige Kundenbeziehungen. Wer Vertrauen und ein gutes Image aufbauen kann, ist im Vorteil. Content Marketing wird Ihnen dabei helfen.

Ihr Transfer in die Praxis

- Machen Sie sich ein Konzept. Dieses Buch wird Ihnen dabei helfen, aus dem „Trial & Error"-Modus herauszukommen.
- Fokussieren Sie die Aktivitäten auf Ihre Internetseite!
- Alle anderen Aktivitäten sollten auf Ihre Website hinführen!
- Sie werden zusätzliche Ressourcen für Content Marketing brauchen.
- Sie haben die Chance, neue Kundengruppen zu erreichen!

2

Content Marketing bringt Sichtbarkeit im Markt

> **Was Sie aus diesem Kapitel mitnehmen**
> - Warum Content Marketing sinnvoll ist.
> - Was Content Marketing ist.
> - Welche Ziele Content Marketing hat.
> - Was nützlicher Content ist.
> - Wie sich Content Marketing von Werbung unterscheidet.

> „Content Marketing ist die Disziplin, die den größten Einfluss auf das Marketing der Zukunft haben wird." (Bloching und Heiz 2017)

Content Marketing ist kein Wundermittel. Es kann aber ein hervorragendes Werkzeug in der Kommunikation sein, wenn man es richtig einsetzt. Kundinnen und Kunden suchen nach Problemlösungen im Internet, beispielsweise: Informationen zum Transport von Mikromengen Flüssigkeit, zur Einhaltung von Grenzwerten, zum Aufbau einer Ladeinfrastruktur für E-Mobilität, wie man künstliche Intelligenz im Marketing einsetzen kann u. v. m. Wer wie Dr. Oetker die richtigen Rezepte so positioniert, dass Kunden diese – im Internet – finden, den Content nutzen und dann die Zutaten bestellen, der hat ein bewährtes Konzept mit modernen Methoden des digitalen Marketings in die heutige Zeit übertragen.

> Content Marketing bezeichnet vor allem im Online-Marketing (…) die informierende, beratende und/oder unterhaltende Bereitstellung von Unternehmensinformationen in der Kundenkommunikation mit dem Ziel, dass sie sich mit den Informationen überhaupt beschäftigen und im Idealfall virale Prozesse bewirken. (Lies 2019)

Das digitale Zeitalter ermöglicht jedem, extrem viele Informationen online zu stellen. Große Unternehmen investieren viel Geld in ihre Sichtbarkeit im Markt, zum Beispiel über Google-Anzeigen. Mittelständler haben es da oft schwer, im digitalen „Rauschen" wahrgenommen zu werden. Man kann sich die Aufmerksamkeit der Kunden über

- Anzeigen kaufen,
- Pressemitteilungen „erbitten",
- Kaltakquisition erzwingen oder
- interessanten und nützlichen Content „verdienen" (Jefferson und Tanton 2013).

Der digitale Dschungel macht es für Kunden nicht leicht, aus der Vielzahl der Informationen die für sie richtigen auszuwählen. Menschen sind durch das Überangebot an Informationen immer mehr gestresst. Gleichzeitig ist es schwierig, die vielen dargebotenen Informationen zu bewerten. Die Lösung hierzu ist das Vertrauen in Experten. Sie müssen nicht ein Chemie-Studium absolviert haben, um ein Waschmittel bezüglich seiner Leistungsfähigkeit zu bewerten, da Sie in der Regel einer großen Waschmittelmarke vertrauen. Vertrauen bietet Rettung vor Komplexität (Luhmann 2014). Marketing und insbesondere Content Marketing kann Vertrauen schaffen. Wenn ein Wettbewerber aus Asien auf dem Papier die gleichen Spezifikationen liefert wie ein hiesiges Unternehmen, dann sollte der Vergleich nicht allein bei Preis und technischen Spezifikationen ansetzen. Auf dem Papier und in PowerPoint-Charts kann jeder alles. Wichtig ist, wie Kundinnen und Kunden ein Unternehmen wahrnehmen, ihm vertrauen und es dadurch gegenüber einem Wettbewerber präferieren. Content Marketing kann diesbezüglich zwei Dinge bewirken:

- Sichtbarkeit im Markt erhöhen: Kundinnen und Kunden finden Sie.
- Vertrauen erzeugen: Auf- und Ausbau eines Images als Expertin oder Experte im Markt.

2.1 Ziel des Content Marketings

Ziel des Content Marketings ist es, dass Interessenten Anbieter über nützlichen Content von selbst finden und kontaktieren. Man unterscheidet im Marketing zwischen „Earned" und „Paid" Content. Beim „Earned" Content ist die Information, ein Text oder ein Video so interessant, dass der Interessent sich freiwillig mit den Inhalten beschäftigt. „Paid" Content sind oft klassische Anzeigen, mit denen man Kunden „heimsucht" (Abschn. 2.3).

> Ziel des Content Marketings: Sie werden als Experte oder Expertin im Markt wahrgenommen.

2.2 Eigenschaften von nützlichem Content

Kundinnen und Kunden beschäftigen sich dann freiwillig mit Inhalten im Netz, wenn sie ein Problem haben und Ihr Content sie weiterbringt. Es gibt nach Jefferson und Tanton (Jefferson und Tanton 2013) drei grundlegende Eigenschaften von nützlichem Content.
Nützlicher Content

- ist lehrreich (educate),
- unterhält (entertain) und
- begleitet Kundinnen und Kunden durch den Verkaufsprozess.

Content ist lehrreich

Der Inhalt von Content Marketing besteht nicht aus Werbetexten, sondern liefert profunde Informationen zu einer Fragestellung. Es wird die Frage beantwortet, wie eine bestimmte Technologie funktioniert, oder es wird eine konkrete Anleitung gegeben, um etwas herzustellen.

Beispiele aus der Praxis

Ein gutes Beispiel ist die Firma Bartels Mikrotechnik aus Dortmund. Auf seiner Website erläutert das Unternehmen, wie Mikropumpen funktionieren und welche Vorteile diese Produkte haben. Sehr geringe Flüssigkeitsmengen können präzise transportiert werden (Abb. 2.1).

Content Marketing darf unterhaltsam sein

Gerade jüngere User erwarten von Medien im Netz generell einen gewissen Unterhaltungswert. Wenn der Inhalt nicht unterhaltsam ist, wird er weggeklickt. Natürlich gibt es beim Thema Unterhaltungsfaktor Beschränkungen zum Beispiel durch Ihre Branche. Im Bereich B2B bieten sich aber Chancen, weil eigentlich niemand von dieser Branche Entertainment erwartet. Wenn es Sinn ergibt und Sie dahinterstehen, kann man ein unterhaltsames YouTube-Video erstellen. Das Mindestmaß für den Bereich ist aber professionell erstellter Content – egal welches Medium Sie nutzen. Internetnutzer sind immer auf dem Sprung zum nächsten Klick.

Das Unternehmen Jung Pumpen hat das populäre Videoformat eines amerikanischen Mixerherstellers (Blendtec, „Will it blend?") adaptiert,

Abb. 2.1 Webseite der Firma Bartels Mikrotechnik zum Thema Mikropumpen, QR-Code, https://www.bartels-mikrotechnik.de/applications/

um zu zeigen, dass die eigenen Pumpen durch Verschmutzungen nicht beschädigt werden (Abb. 2.2).

Das japanische Unternehmen FutaQ aus der Nähe von Kyoto stellt Materialien unter anderem für die Medizintechnik her. FutaQ hat mehrere Videos produziert, in denen die Geschichte eines Cyborgs erzählt wird, der aus der Zukunft kommt und nur mithilfe von FutaQ überleben kann. In dem Video spielen echte Mitarbeiter des Unternehmens mit und das Ganze ist sehr lustig aufgemacht. Das Video habe ich vor Jahren an einem Messestand der Medizintechnik-Messe Medica in Düsseldorf gesehen und es hat dazu geführt, dass mir dieses Unternehmen aufgefallen ist und ich mir gemerkt habe, dass FutaQ aus der Nähe von Kyoto für medizinische Anwendungen präzise Löcher in Metalle bohrt (Abb. 2.3).

Content Marketing muss Kundinnen und Kunden unbedingt problemlos durch den Verkaufsprozess begleiten. Hierbei gibt es mehrere Ebenen:

Abb. 2.2 Will it grind? Jung Pumpen auf YouTube, QR-Code, https://www.youtube.com/watch?v=0Xslu31vdaE

Abb. 2.3 Cyborgs greifen ein japanisches Medizintechnikunternehmen an, QR-Code, https://www.youtube.com/watch?v=z0NSQcRx44s&t=7s

Der Content selbst
Vergessen Sie nicht, sich den Kundinnen und Kunden als Adressaten des Contents vorzustellen. Das heißt, auf einem Whitepaper (Abschn. 4.3) sollte am Ende klar erkennbar sein, wer es geschrieben hat und wie ich die Person erreichen kann. Sie sollten sogar Interessenten (Leads) direkt auffordern, bestimmte Handlungen durchzuführen, zum Beispiel, sich in einen Newsletter-Verteiler einzutragen, sich weiteren Content herunterzuladen oder anzurufen. Solche Aufforderungen nennt man Call-to-Action. Jeglicher digitaler Content auf anderen Social-Media-Kanälen sollte immer zu Ihrer Website führen.

Ihre Website
Es gibt leider nicht so viele positive Website-Beispiele unter mittelständischen Unternehmen aus dem B2B-Bereich. Es lohnt sich ein Blick auf serviceorientierte B2B-Unternehmen wie zum Beispiel www.würth.de oder B2C-Unternehmen wie www.Bioni-living.de. Bioni ist tatsächlich ein KMU. Die Telefonnummern sind schnell zur Hand und es gibt viele Möglichkeiten, Kontakt aufzunehmen.

Ihre Unternehmensorganisation (z. B. Vertriebsinnendienst)
Wenn ein Kunde Sie gefunden und Ihr vorgestelltes Produkt als Lösung für sein Problem erkannt hat, muss er oder sie jetzt sehr einfach mit Ihnen Kontakt aufnehmen können. Die eben genannten Beispiele handhaben das gut.

> Wenn Kundinnen und Kunden die Möglichkeit haben, in jeder Phase des Informations- und Kaufprozesses schnell Antworten auf alle Fragen zu erhalten, und sie sich gut begleitet fühlen, werden Sie vermutlich mehr Abschlüsse machen.

Digitales Marketing in Verbindung mit Content Marketing bewirkt eine Aufwertung des Inbound Marketings, d. h., Ihr Vertrieb sollte über alle Kanäle gut erreichbar sein und schnell auf Kundenanfragen reagieren. Nichts ist ärgerlicher, als mit gutem Content Marketing tatsächlich interessante Leads zu produzieren, die dann ins Leere laufen.

Überprüfen Sie, ob auf allen digitalen Kanälen mit jeglichem Gerät (Handy, Tablet, PC etc.) sofort ein Kontakt per Telefon oder E-Mail auf Knopfdruck möglich ist. Hier sind gutes Design und gute Funktionalität des digitalen Kanals gefragt.

> Räumen Sie alle möglichen Probleme für Ihre Kundinnen und Kunden aus dem Weg, damit diese schnell Anfragen stellen können, und sorgen Sie dafür, dass diese Anfragen auch zügig beantwortet werden.

Content Marketing macht auch den Wettbewerber schlau – wie schlau, bestimmen Sie

Das innerbetriebliche Gegenargument gegen Content Marketing ist oft, dass man auch den Wettbewerber mit wertvollen Inhalten versorgt. Das ist im Prinzip richtig und unvermeidlich.

Zu einem guten Content Marketing gehört immer das Abwägen, ob man zu viel von seinem Know-how preisgibt. Die Sicherung der eigenen Intellectual Property (IP) ist ein sehr wichtiges Thema und sollte auf keinen Fall unterschätzt werden. Es gibt aber immer Möglichkeiten, nützlichen Content am Markt zu präsentieren und gleichzeitig den Kreis der Adressaten zu steuern. Unternehmen können zum Beispiel Technologie-Workshops für ihre Kundinnen und Kunden an ihren Firmenstandorten promoten. Wer zu dem Seminar tatsächlich eingeladen wird, entscheidet das Unternehmen. Aber man sollte auch bedenken, dass es sehr interessante technologische Entwicklungen geben kann, die aber vielleicht noch nicht zum Patent angemeldet sind. Hier wäre Content Marketing vor der Patent-Anmeldung kontraproduktiv.

2.3 Der Unterschied zwischen Content Marketing und Werbung

Content Marketing und Werbung gehören beide in den Bereich der Unternehmenskommunikation, wobei man Werbung dem Outbound Marketing und Content Marketing dem Inbound Marketing zurechnen kann. Der Unterschied zwischen Content Marketing und Werbung ist nicht in jedem Beispiel eindeutig (Gründel 2020). Die größten Unterschiede liegen zumeist beim Vorgehen, um Aufmerksamkeit zu erhalten, und bei den Inhalten selbst.

Bezahlte Aufmerksamkeit versus „verdiente" Aufmerksamkeit
Für Werbung wird in der Regel immer bezahlt, um z. B. in einer Zeitungsanzeige, auf einer Messe oder einem anderen Event gesehen zu werden. Hier spricht man davon, Aufmerksamkeit zu kaufen (Scott 2017). Beim Content Marketing ist es idealerweise so, dass sich das Unternehmen die Aufmerksamkeit der Kundinnen und Kunden über Inhalte „verdient". Sie finden die Inhalte des Unternehmens selbst. Ausnahmen bestätigen aber die Regel: Es ist natürlich auch möglich, durch zum Beispiel Google Ads nachzuhelfen.

„Werbesprech" versus nützliche Inhalte
Sprache und Bilder in der Werbung sind oft sehr plakativ, provokant und versuchen, schnell Aufmerksamkeit zu erregen – auch wenn Sie gerade keine Lust darauf haben. Denken Sie zum Beispiel an den Radiospot eines schwäbischen Müslihersteller, der sehr penetrant den Namen der Firma zusammen mit den Worten „lecker, lecker, lecker" wiederholt. Eigenschaften der Produkte werden in Slogans einfach behauptet („Das Beste oder nichts"). Kundinnen und Kunden werden aufgefordert, Dinge zu tun („Trink Coca-Cola") oder die Sätze sind einfach sinnfrei („Männer sind so"). Zusammen mit sehr emotionalen Bildern soll durch Werbung eine Kaufabsicht herbeigeführt werden. Beim Content Marketing dagegen steht die Kaufabsicht nicht im Vordergrund und man drängt sich den Kundinnen und Kunden nicht auf. Wie nützlicher Content aussehen kann, haben wir in Abschn. 2.2 definiert. Der Bundesverband Digitale Wirtschaft hat einen „Code of Conduct" verfasst, der das Thema aus Sicht der Werbewirtschaft gut zusammenfasst: „Content Marketing beschreibt die (…) Planung, Erstellung, Distribution, Messung und Optimierung von Inhalten, die von eindeutig definierten Zielgruppen im individuellen Moment der Aufmerksamkeit gesucht, benötigt und wertgeschätzt werden (…)" (Bundesverband Digitale Wirtschaft (BVDW) e.V. 2018a).

In der Praxis geschieht es allerdings oft, dass man schnell in „Werbesprech" verfällt, weil es einfacher ist, aus der Position des Senders bzw. des Verkäufers zu denken und zu texten. Dann entstehen Werbeslogans („Wir sind die Nr. 1", „Wir haben das beste Produkt" etc. pp.). Das passiert oft gerade dann, wenn man zeitlich unter Druck steht und schnell Inhalte produzieren muss. Das sind die Situationen, in denen wir vielleicht alle einmal waren, zum Beispiel: In Kürze steht eine Messe an und es fehlt Material für die Kundenkommunikation.

> Achten Sie beim Erstellen von Content darauf, dass Sie keine Werbesprache verwenden! In der Praxis kann das unter Zeitdruck schnell passieren. Prüfen Sie immer kritisch, ob Ihre Inhalte den Grundsätzen des Content Marketings entsprechen! Abschn. 2.2 Folgen Sie Ihrem Content-Plan, den Sie in Kap. 4 erstellen.

Ihr Transfer in die Praxis

Überprüfen Sie, ob Ihr Content diese Eigenschaften hat:

1. Der Content ist für die Kundinnen und Kunden lehrreich.
2. Der Content leitet Kundinnen und Kunden problemlos durch den Verkaufsprozess.
3. Der Content ist unterhaltsam.

Eigenschaften 1 und 2 sind sehr wichtig. Eigenschaft 2 sollte zum Beispiel bei Videos vorhanden sein. Unterhaltsame Checklisten sind eher schwierig zu gestalten.

3

Content Marketing bei B2B-KMU

Was Sie aus diesem Kapitel mitnehmen
- 5 Regeln für erfolgreiches Content Marketing
- Praktische Hinweise zur genauen Beschreibung Ihrer Zielgruppe
- Möglichkeiten und Grenzen von Buyer Personas

3.1 5 Regeln für erfolgreiches Content Marketing bei B2B-KMU

Über die Herausforderungen für KMU haben wir bereits gesprochen (Abschn. 1.4). Jetzt geht es darum, die Herausforderungen zu meistern! Dazu bekommen Sie fünf Regeln an die Hand (Kleinkes 2019).

Regel Nr. 1: Persönlicher Kontakt zu Kundinnen und Kunden ist das Wichtigste – alle Content-Marketing-Aktivitäten sollten zum persönlichen Kontakt führen.

Die Regeln im Marketing haben sich durch die Digitalisierung geändert. Jedoch gilt: Viele KMU differenzieren sich im Wettbewerb durch ihren persönlichen Kundenkontakt. Das Content Marketing soll Ihnen helfen, mehr persönliche Kundenkontakte zu bekommen. Jedes Dokument, jede Aktivität sollte schnell und einfach zu einer Kontaktmöglichkeit mit Ihnen führen – und zwar am besten zu einem persönlichen Gespräch. Wir nennen das Call-to-Action (CTA).

In ihrem Bereich und in ihrer Marktnische sind Mittelständler oft Marktführer. Das sollten Kundinnen und Kunden persönlich erfahren. Über digitale Kanäle und geeignete Marketing-Maßnahmen, wie zum Beispiel Content Marketing, kann man Sichtbarkeit herstellen. Viele Mittelständler überzeugen ihre Kundinnen und Kunden durch das Gespräch und das persönliche Erleben des Unternehmens. Man hat ja auch in der Regel etwas vorzuweisen. Denken Sie daran, bei **jeder** Maßnahme im Content Marketing die Möglichkeit zu eröffnen, Kontakt aufzunehmen – am besten mit Foto des Mitarbeiters und der Telefonnummer bzw. E-Mail-Adresse. Die Kontaktaufnahme sollte einfach sein und funktionieren. Ich habe einmal während unseres Digital Marketing Days (www.digitalmarketingday.de) die mehr als einhundert anwesenden KMU-Vertreter gefragt, wer schon mal versucht hat, bei sich selbst etwas einzukaufen. Es waren sehr wenige. Probieren Sie aus, ob das bei Ihnen einfach funktioniert.

Ihre Leads verbringen sehr viel Zeit im Internet ohne Sie. Die Zeiträume, in denen persönlicher Kontakt besteht, werden immer kürzer. Das bedeutet zwei Dinge für Sie:

- der persönliche Kontakt muss funktionieren,
- Sie brauchen einen tipptopp Content im Netz.

Regel Nr. 2: Benennen Sie Ziele für das Content Marketing.

3 Content Marketing bei B2B-KMU

Bei der Definition der Ziele geht es um zwei Bereiche:

- Ziele für das Content Marketing
- Zielgruppe(n) für das Content Marketing (Das Thema Zielgruppe werden wir in Abschn. 3.2 noch konkret behandeln.)

Wie bei allen Zielen ist es sinnvoll, diese zu quantifizieren und deren Erreichen zu messen. Wir werden diese Ziele in den Checklisten ab Abschn. 4.1 festhalten.

> Fokussieren Sie sich für das Content Marketing auf Ihre wichtigste Zielgruppe. Verfolgen Sie konsequent eine überschaubare Zahl machbarer Content-Marketing-Ziele.

> **Regel Nr. 3:** Strategie schlägt Taktik – haben Sie einen langen Atem.

Content kann im Gegensatz zur Werbung nur langfristig die Sichtbarkeit erhöhen. Schnellschüsse und frühes Aufgeben, weil sich der Erfolg nicht sofort einstellt, sind neben den mangelnden Ressourcen die größten Hindernisse (s. Regel Nr. 5).

Nach Mintzberg ist eine Strategie „ein Muster in einem Strom von Entscheidungen" (Mintzberg et al. 2009). Machen Sie eine Content-Strategie. Das kann z. B. die Entscheidung sein, sich für die eigenen Produkte auf gute Erklärvideos zu fokussieren, die so produziert sind, dass sie möglichst gut international verständlich sind. Das bedeutet, viele Symbole und wenig Sprache einzusetzen. Alles andere lassen Sie dann weg. Ein gutes Praxisbeispiel für das Thema Video ist das in Abschn. 2.2 beschriebene von FutaQ. Das Gute an strategischen Entscheidungen ist, dass man am Anfang – durchdachte – Entscheidungen trifft, und dann erst einmal für eine lange Zeit nicht erneut darüber nachdenken muss. Wenn man entschieden hat, dass Facebook kein Content-Kanal für das eigene Unternehmen ist, braucht man keine Zeit darauf zu verschwenden, neu darüber nachzudenken, nur weil der Wettbewerber auf Facebook ist.

> Nur langfristig angelegte Aktivitäten machen beim Content Marketing Sinn.

> **Regel Nr. 4**: Fokussieren Sie sich – Ihre Website ist das Zentrum des Schaffens.

Das Internet ist der Beginn jeder Kundenreise und Ihre Website ist der einzige digitale Kanal, den Sie vollständig kontrollieren. Somit sollten Sie Ihre Arbeit unbedingt auf Ihre Website konzentrieren. Social-Media-Kanäle sind wichtig. Man muss aber nicht alles mitmachen. Wie man dabei systematisch vorgeht, wird in Abschn. 4.4.5 beschrieben.

> **Regel Nr. 5**: Investieren Sie und fangen Sie an!

Marketing kostet Ressourcen, d. h. Ihre Zeit und Ihr Geld. Ressourcen sind immer die größte Herausforderung im Marketing von KMU. Wenn Sie erfolgreich sein wollen, kommen Sie nicht drum herum, langfristig zu investieren. Erstellen Sie ein Budget für Ihre Content-Marketing-Aktivitäten.

Große Global Player, wie Amazon oder Apple, verfügen über Ressourcen und Fähigkeiten, die Mittelständler vermutlich nie erreichen werden. Aber viele Unternehmen aus dem Mittelstand investieren wenig in das Marketing und gehen oft nicht sehr geplant vor (Kleinkes et al. 2013). Diese Unternehmen können Sie mithilfe von Content Marketing auf die Plätze verweisen (s. Abb. 3.1).

Wenn Sie anfangen und Ihre Themen fokussiert, überlegt, mit Plan und Strategie, Experimentierfreude und Ausdauer und mit Mitteln des Content Marketings transportieren, werden Sie besser sein als Ihre Wettbewerber. Genauso wie bei Ihren Produkten! Wie Sie das konzeptionell und praktisch richtig angehen, erfahren Sie in den nächsten Kapiteln.

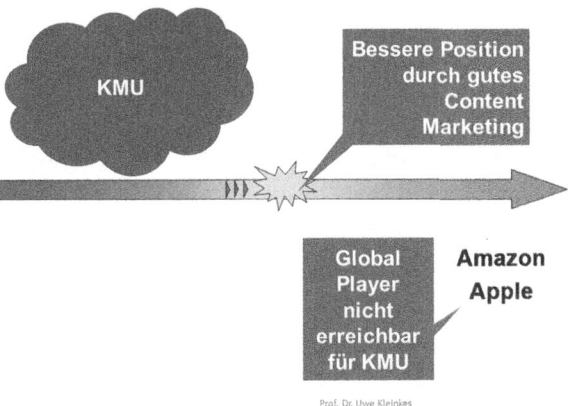

Abb. 3.1 Ziel für das Marketing: Besser sein als andere KMU

---

5 Regeln
- Persönlicher Kontakt zu Kundinnen und Kunden ist das Wichtigste – alle Aktivitäten sollten zum persönlichen Kontakt führen.
- Benennen Sie Ziele für das Content Marketing.
- Strategie schlägt Taktik – haben Sie einen langen Atem.
- Fokussieren Sie sich – Ihre Website ist das Zentrum des Schaffens.
- Investieren Sie und fangen Sie an!

3.2 Die Zielgruppe identifizieren

Für ein wirksames Content Marketing sind die genaue Definition, Abgrenzung und eine Priorisierung der Zielgruppe(n) sehr wichtig. Wenn ein Shampoo-Hersteller nicht wüsste, ob er ein Produkt für die Frau ab 50, den Mann ab 20 oder die ganze Familie herstellt, würde er in der Regel an allen Konsumenten vorbei kommunizieren.

Man sollte seine Kundinnen und Kunden sehr präzise beschreiben.

In der B2B-Praxis von KMU klappt das natürlich nur selten so genau wie in dem Shampoo-Beispiel. Viele mittelständische Unternehmen haben sich mit dem Thema Zielgruppendefinition kaum bzw. nicht genau beschäftigt. Das hängt natürlich mit dem immer drängenden Tagesgeschäft zusammen und mit der Tatsache, dass einige KMU möglichst alle Gelegenheiten wahrnehmen wollen, einen Kunden zu gewinnen – egal aus welchem Bereich.

Darüber hinaus ist bei Unternehmen, die technische Produkte und Dienstleistungen anbieten, die Definition von Kundengruppen oftmals schwierig. Wenn man Lösungen für den Transport von Gütern mittels Transportbändern bietet, für das Positionieren von Werkstücken, das Ansteuern von Wickelantrieben, das Antreiben von Lüftern oder Pumpen oder das Abfüllen von Getränkeflaschen, dann hat man eventuell eine technische Lösung, aber gleich mehrere Branchen angesprochen.

Zum Thema Marktsegmentierung gibt es zahlreiche wissenschaftliche Ansätze, die zum Beispiel bei Kesting und Rennhak (Kesting und Rennhak 2008) beschrieben sind. In diesem Buch möchte ich Ihnen ein sehr simples Modell ans Herz legen. Der sogenannte „Business Canvas" ist ein gutes Werkzeug, um Geschäftsmodelle zu beschreiben (Osterwalder et al. 2015). Bei der Zielgruppenbeschreibung wird uns der Canvas helfen, sowohl kurze und präzise Beschreibungen zu wählen als auch zu priorisieren. Der Canvas ist in insgesamt neun Blöcke aufgeteilt, von denen uns hier nur vier Blöcke interessieren. Das sind vier Blöcke, die jeweils mit Value Proposition (Wertversprechen, Geschenkpaket), Customer Relations (Kundenbeziehungen, Herz), Channels (Vertriebskanäle, LKW) und Customer Segments (Kundensegmente, Mensch) betitelt sind. Sie können sich einen kompletten Canvas hier herunterladen: https://canvanizer.com/downloads/business_model_canvas_poster.pdf.

Beim Business Canvas betrachten wir wie angesprochen für das Content Marketing in diesem Buch nur den rechten mittleren und oberen Teil. In der Mitte des Canvas steht Ihr Wertversprechen (Value Proposition). In Abschn. 1.3 finden Sie einige Beispiele hierfür. Ihre Kundensegmente sind über das Feld Kundenbeziehungen (das Herz) und die Distributionskanäle (der Lkw) mit dem Wertversprechen verbunden. Die vier Felder stehen zueinander in Beziehung. Für jedes Kundensegment sollte mindestens ein Wertversprechen gültig sein (und natürlich jeweils eine Form der Kundenbeziehung und eine Form des Vertriebskanals).

Den Canvas druckt man am besten groß aus (mind. A3) und hängt ihn an einer Wand oder einer Flipchart auf. Der Vorteil dieser Methode ist, dass man Vorschläge machen und diese ohne großen Aufwand verbessern kann. An den Canvas werden Post-its geklebt, die man leicht wieder runternehmen kann. Sie können den Canvas für alle sichtbar hängen lassen und wenn man – spätestens – nach einem Jahr wieder draufschaut, wird sich bestimmt etwas verändert haben. Unter https://www.kleinkes. net/docs/checklisten-content-marketing-b2b/ können Sie sich die Datei herunterladen, die nur den rechten Teil des Canvas abbildet.

3.2.1 Praktische Übung zur Marktsegmentierung mithilfe des Business Canvas

> Für diese Maßnahme nehmen Sie sich bitte mindestens einen Vormittag Zeit und beteiligen Sie die relevanten Personen aus Geschäftsführung, Vertrieb, Kommunikation (Marketing) und eventuell Forschung und Entwicklung. Manchmal ist es sinnvoll, einen externen Moderator mit Business-Canvas-Erfahrung einzubinden.

Sie drucken sich den rechten Teil des Business Canvas mindestens auf A3-Größe aus. Alternativ können Sie auch eine der vielen freien PowerPoint-Vorlagen des Canvas aus dem Netz herunterladen und das Ganze digital machen.

Nehmen Sie sich Post-it-Zettel und überlegen Sie, wie Sie Ihre Kundensegmente möglichst gut beschreiben können. Wenn Sie Arztpraxen mit Sonografie-Geräten ausstatten, können Sie sich z. B. an den ärztlichen Disziplinen entlanghangeln (Urologie, Kardiologie etc.). Ein Dienstleister für die Entwicklung von elektronischen Leiterplatten, bei dem Montag ein Automobilzulieferer, Dienstag ein Medizintechnik-Systemintegrator, Mittwoch ein Windkraftanlagenhersteller, Donnerstag ein Hersteller von Elektronenstrahllithografieanlagen und Freitag eine Hochschule vorbeischaut, kann das nicht so einfach umsetzen. Wenn Sie „Automobilindustrie" und „Medizintechnik" schreiben, so sind diese generellen Branchenbeschreibungen oft zu unspezifisch. Überlegen Sie, wer genau in der Medizintechnik Leiterplatten braucht und benennen Sie diese Zielgruppe.

Fangen Sie an, Kundengruppen aufzuschreiben, eventuell sogar einzelne Kundennamen. Versuchen Sie, Kundengruppen in Branchen möglichst präzise zusammenzufassen. Bei fast allen Branchen findet man Untergruppen, die man beschreiben kann. Zum Beispiel findet man in der Branche der Elektronikindustrie elektrische Antriebe, Starkstromkondensatoren, Consumer Electronics u. v. m. Wenn Sie Schwierigkeiten haben, Einteilungen zu finden, schauen Sie sich die Verbände an, in die sich Ihre Mitglieder in Fachbereichen organisieren. Wenn Ihre Kunden zum Beispiel aus dem Maschinenbau kommen, ist das der Verband VDMA (vdma.org). Ein anderer Tipp sind Fachmessen, die Kundengruppen sortieren. Wenn Ihre Kunden Zulieferer der Medizintechnikindustrie sind, wäre die Messe COMPAMED (compamed.de) eine gute Idee. Versuchen Sie, Kundengruppen direkt zu priorisieren, indem Sie sie nach Wichtigkeit geordnet aufkleben.

Überlegen Sie sich für jede Kundengruppe ein wichtiges Wertversprechen. Das ist das Feld mit dem Geschenk. Dieses Wertversprechen muss aus Sicht der Kundengruppe wichtig sein. Zum Beispiel kann es aus Kundensicht sehr wichtig sein, dass Sie als Zulieferer für Medizintechnik nach DIN 13485 zertifiziert sind. In anderen Bereichen können es schnelle Reaktionszeiten, Kleinserien u. v. m. sein. Sie sollten das für jede wichtige Kundengruppe wissen. Auch hier schreiben Sie das bitte auf Post-its und hängen diese an den Business Canvas. Diese Wertversprechen sollten sich natürlich auch in Ihrem Content für die jeweilige Zielgruppe widerspiegeln.

Das nächste wichtige Feld ist das mit dem Herzen. Hier notieren Sie auf die Post-it-Zettel, wie Sie Ihre Kundenbeziehungen pflegen wollen. Das können Hausmessen, Web-Blogs, Web-Tutorials u. v. m. sein. Bei der Pflege der Kundenbeziehung geht es nicht um das Verkaufen, sondern um das Kommunizieren und die Kundenpflege. Für das Content Marketing erhalten Sie hier Ideen für Anlässe zum Platzieren von Content und für Themen (s. a. Abschn. 4.3). Wenn Sie Ihre Kunden gut über z. B. LinkedIn erreichen, dann hätten Sie auch gleich einen interessanten Kanal für Ihren Content identifiziert (s. a. Abschn. 4.4.5).

Bei dem Feld mit dem Lkw geht es um die Vertriebskanäle. Die stehen zwar beim Content Marketing nicht an erster Stelle, doch es geht natürlich auch darum, Kundinnen und Kunden durch den Verkaufsprozess zu begleiten (Jefferson und Tanton 2013). Hier ist es sinnvoll darüber nachzudenken, an welchem Punkt Sie geschickt Ihre Kundinnen und Kunden bzw. Leads auf die konkreten Einkaufsmöglichkeiten hinweisen. Das sind dann die Vertriebsmitarbeiter, der Web-Shop oder anderes.

Ein Beispiel für unseren gedachten Elektronikdienstleister können Sie sich unter www.kleinkes.net/docs/checklisten-content-marketing-b2b herunterladen.

3.2.2 Buyer Personas

Wenn Sie Ihre Zielbranchen bestimmt haben, haben Sie die Möglichkeit, in das Thema Zielkunde eine Ebene tiefer einzusteigen. Buyer Personas werden sehr gerne im B2C-Marketing angewandt, um sich zum Beispiel in einem Massenmarkt für Mode eine konkrete Ansprechperson vorstellen zu können. Personas sind dann sinnvoll, wenn ich mit einer gewählten Persona viele Menschen erreichen kann, die ähnlich ticken. Mittlerweile wird diese Methode zunehmend auch im B2B-Marketing angewandt (Ammann 2021).

Die Buyer Persona bildet ein „Urbild" eines bestimmten Kundentyps ab (Zambito 2013), der stellvertretend für viele Menschen ist, die diesem Bild entsprechen. Die verschiedenen Kundentypen in jedem Marktsegment erhalten ein menschliches Gesicht, indem man ein Portrait einer fiktiven, aber realistischen Person mit Foto, Name, Einstellungen, Hobbys, Jobtitel, demografischen, psychografischen und anderen Daten erstellt. Man gräbt deshalb deutlich tiefer, als nur Merkmale wie Alter, Herkunft und Geschlecht festzustellen. Donald Trump und der Gottvater des Punk Iggy Pop sind beide männlich, weiß, US-Amerikaner und fast gleich alt, werden aber vermutlich bei Einstellungen und Kaufverhalten Unterschiede aufweisen. Es geht bei der Erstellung einer Persona darum, „Buying Insights" zu erkennen. Das sind „echte Motivationen, Barrieren und Informationsbedürfnisse der Käufer für jede Phase ihres Entscheidungsprozesses" (Schlömer 2018).

> Buyer Personas ermöglichen es, den Content zu erstellen, den eine Zielperson haben möchte.

Mark

Geschäftsführer eines Automobilzulieferbetriebes, der Kunststoffspritzgussteile für die Innenraumverkleidung herstellt

Ist immer unter Zeit- und Kostendruck

44 Jahre, Betrieb vom Vater übernommen
Katholisch, verheiratet, hat drei Kinder

Hobby: Oldtimer, kommt aber kaum dazu

Ist zum Netzwerken im Schützenverein

Abb. 3.2 Mark ist eine Buyer Persona

Das ist für das Content Marketing sehr sinnvoll, denn es sind ja immer die Menschen in den Unternehmen, die Ihre Produkte kaufen. Wenn Sie innerhalb Ihres Marktsegments auch noch konkrete Kundentypen auf Basis ihrer Einstellungen, Motive, Wünsche und Ängste ansprechen können, werden Sie den Content erstellen, den Ihr Zielpublikum lesen, anschauen, hören und weiterleiten will. Generative KI wird Ihnen dabei helfen Texte und Videos zu erstellen, die Ihr Publikum lieben wird Abschn. 4.5.4. Eine Buyer Persona könnte beispielsweise aussehen wie in Abb. 3.2.

Wie erstelle ich eine Persona?
Die schnelle und einfache Variante ist, zusammen mit der Kommunikationsabteilung, dem Vertrieb und ggf. mit dem After-Sales-Bereich zu versuchen, die jeweiligen Personas anhand von Firmenwissen zu entwickeln. Für eine „Ad-hoc-Persona" können Sie sich an dem Beispiel von Mark orientieren. Sie beschreiben hier jedoch immer von außen. Genauer wird es natürlich, wenn man zu diesem Thema Interviews mit ausgewählten Kundinnen und Kunden führt, die Ihnen einen Blick in ihren Kopf gewähren. Dazu gibt es im Web zahlreiche Templates und Anleitungen. Zum Beispiel bei HubSpot (https://www.

hubspot.com/make-my-persona?utm_source=mktg-resources) oder bei Schlömer (Schlömer 2018) finden Sie hierzu Checklisten und weitere Beispiele.

> Wenn Sie generative KI zur Erstellung einer Persona nutzen, sollten Sie daran denken, dass die KI-Modelle aus ihren Trainingsdaten heraus eine verzerrte Wirklichkeit darstellen können. Die Geschäftsführung eines Unternehmens kann dann wie in Abb. 3.2 oft eine weiße männliche Person sein. Mit Marketing wollen wir den gesamten Markt erreichen. Wenn Ihre Zielgruppen auch anders aussehen können, sollten Sie die Ergebnisse kritisch hinterfragen.

Möglichkeiten und Grenzen von Buyer Personas im B2B-Marketing
Im B2B-Bereich werden Bedürfnisse von Organisationen befriedigt. Das heißt, in der Regel entscheidet nicht eine Person allein, welche neue Maschine, welche IT-Ausrüstung und welche Materialien eingekauft werden. Hier stößt das Persona-Modell an seine Grenzen, denn Sie werden es vermutlich nicht schaffen, für alle am Kaufprozess beteiligten Rollen Personas zu entwickeln und für diese Content zu erstellen. Selbst für eine Rolle im Buying Center werden Sie nicht alle Persona-Typen abbilden können. Es lohnt sich aber, die einzelnen Rollen im Buying Center anzuschauen. Für die wichtigsten Rollen im Buying Center sollten Personas existieren und diese Rollen sollten in der Beschreibung der Buyer Personas klar definiert sein. Im Beispiel oben ist Mark Geschäftsführer und damit Entscheider. Die unten beschriebenen Rollen im Buying Center sind nicht abschließend und eine Person kann mehrere Rollen einnehmen (Abb. 3.3). Zum Beispiel kann Mark (Abb. 3.2) als Geschäftsführer gleichzeitig Entscheider und Initiator sein.

Schauen Sie nach den sogenannten „niedrig hängenden Trauben", d. h., machen Sie Personas von den Kundentypen, die am ehesten für den größten Umsatz verantwortlich sind und die Sie mit Content erreichen können. Die für Sie wichtigsten Rollen im Buying Center sind vermutlich **User, Initiatoren, Entscheider und Influencer**, in manchen Branchen eventuell auch **Einkäufer**. Für alle Rollen ist geeigneter Content wichtig. Eine Persona zu erstellen, lohnt sich aber nicht in jedem Fall.

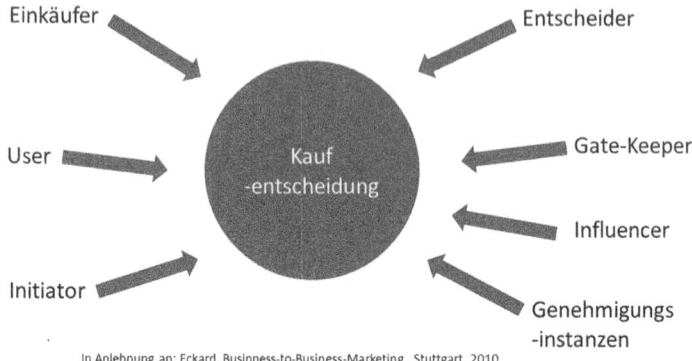

In Anlehnung an: Eckard, Businness-to-Business-Marketing, Stuttgart, 2010

Abb. 3.3 Buying Center

- **User:** Sie sind die Nutzer des Produkts oder der Dienstleistung. Die User haben oft einen entscheidenden Anteil am Kaufprozess. Sie sind zum Teil auch die Initiatoren und ihr Wort kann bei der Kaufentscheidung viel Gewicht haben. User sind in vielen Fällen die heimlichen Entscheider. Gegen die Einwände von Usern wird wahrscheinlich kein formaler Entscheider ein Produkt oder eine Dienstleistung einführen. Eine User-Persona ist eigentlich Pflicht.
- **Initiator:** Initiatoren haben entweder als User ein Problem, das sie schnell loswerden möchten, oder sie schauen z. B. als Entscheider in die Zukunft und wollen eine kommende Herausforderung präventiv bearbeiten. Es können auch externe Influencer als Initiatoren auftreten, zum Beispiel Experten aus Netzwerken, Fachleute aus Hochschulen und Verbänden oder Berater zu Fachthemen. Wer Sichtbarkeit im Markt möchte, sollte sich über eine Persona aus diesem Bereich Gedanken machen.
- **Entscheider:** Sie entscheiden formal über den Kauf. Jedoch sind Entscheider oft nicht tief im Thema. Unsere Persona „Mark" ist nicht nur Entscheider, sondern aufgrund der Betriebsgröße auch Initiator, weil es für die Zukunftsthemen keiner sonst macht. Überlegen Sie gut, ob Sie Content bereitstellen können, den Entscheider auch lesen. Diese Gruppe hat wenig Zeit. Wenn Sie ein Thema haben, das eine Geschäftsführerin oder einen Abteilungsleiter nachts nicht schlafen lässt, dann macht eine Persona Sinn. Zum Thema CRM-Software

wird Mark vermutlich keinen Newsletter lesen. Beim Thema „Neue Verordnung für Kunststoffe im Automotive-Bereich" wird er das eher tun.
- **Influencer:** Sie sind oft externe Fachleute bzw. Experten, die einen Kaufprozess beeinflussen. Das Ziel des Content Marketings ist es ja, selbst als Experte wahrgenommen zu werden (Abschn. 2.1). Sie sollten erreichen, dass Sie mit dieser Gruppe möglichst auf Augenhöhe stehen. Diese Gruppe im Buying Center ist sehr einflussreich, denn Entscheider werden sich in der Regel selten gegen den Rat der eigenen Experten entscheiden. Influencer sind Multiplikatoren, die oft nicht direkt im Zielunternehmen arbeiten. Zum Teil sind die Influencer in einem Marktsegment gar nicht so zahlreich und oft ohnehin bekannt, sodass man hier eventuell sogar auf eine Persona verzichten kann, weil man diese Personengruppe direkt bespielt.
- **Einkäufer:** Wenn der Preis der einzige „Content" ist, der Einkäufer in Ihrem Marktsegment interessiert, dann brauchen Sie für diese Gruppe kein Content Marketing. Sollten Einkäufer sich für Themen jenseits des Preises und der Verfügbarkeit interessieren, könnte auch hier eine Persona interessant sein.

Ihr Transfer in die Praxis

- Diskutieren Sie im Team die fünf Regeln aus Abschn. 3.1. Die genannten Regeln sind Vorschläge, die Sie übernehmen, ergänzen oder neu aufstellen können.
- Definieren Sie Regeln für Ihr Team und hängen Sie diese für alle sichtbar auf.
- Definieren Sie, für wen Sie Content produzieren. Nutzen Sie dazu die Anregungen aus Abschn. 3.2 oder nutzen Sie andere Werkzeuge, um Ihre Zielgruppe zu definieren und zu beschreiben.

4 Content Marketing machen

> **Was Sie aus diesem Kapitel mitnehmen**
> - Wie Sie Content Marketing in der Praxis einsetzen
> - Was Sie für den erfolgreichen Start machen sollten
> - Wie man sich eine erfolgreiche Konzeption und Planung zulegt
> - Wie man einen „TÜV" für seine Medien macht
> - Wie man Content managt
> - Welche Formate sinnvoll sind
> - Wie man den Erfolg messen kann
> - Checklisten für Ihre Durchführung

Vor dem Machen kommen die Ziele und die Strategie. Das Machen gehen Sie dann mit einer Content-Konzeption strukturiert an. Bei der Content-Konzeption planen Sie für Ihre Branche individuell die Zeitintervalle für

- Ziele und Strategien
- Analyse mit Website-„TÜV"
- Planung des Contents
- Produktion der Inhalte
- Management der Inhalte

als wiederkehrende Aufgaben.

> **Ihre ersten beiden Aufgaben lauten**
>
> Markieren Sie einen Tag im Kalender (möglichst am Jahresanfang), an dem Sie sich möglichst komplett den Themen Ziele, Strategie und Content-Konzeption widmen. Machen Sie einen Plan, der die oben genannten Schritte umfasst!
> Diese Schritte werden mindestens einmal im Jahr durchgeführt. Bei vorhandenen Ressourcen und Möglichkeiten auch öfter!
> Sie erhalten in den nächsten Kapiteln einige Checklisten. Legen Sie sich einen Ordner an, in dem Sie diese Checklisten und Pläne ausgedruckt oder online bearbeiten können.

In welchen zeitlichen Abständen Sie diese Schritte durchführen, hängt nicht zuletzt von den Erwartungen Ihrer Kundinnen und Kunden ab. In sehr schnelllebigen Branchen, wie etwa im IT-Bereich, muss man sich sicherlich öfter mit neuen Inhalten beschäftigen. In anderen Bereichen sollte man unter Umständen nur zu wichtigen Branchentreffen oder bei aktuellen Entwicklungen neue Inhalte bereithalten. Viele Inhalte kann man gezielt und langfristig planen. Mindestens einmal im Monat sollte man einen Blick auf seinen Internetauftritt werfen, gerne häufiger. Und mindestens einmal im Jahr sollte man einen „Seiten-TÜV" für die Internetseiten und die anderen genutzten digitalen Kanäle durchführen.

Go with the flow
Im Flow-Diagramm (s. Abb. 4.1) sind alle Schritte für das Machen in ihrer Reihenfolge und ihrer logischen Verknüpfung aufgeführt. Zu jedem dieser Schritte erhalten Sie Checklisten, die Sie auch herunterladen können. In diesen Checklisten finden Sie wichtige Punkte. Sie können dort natürlich auch Punkte ergänzen, die für Ihr Projekt eine Rolle spielen. Das alles soll Ihnen helfen, den Überblick zu behalten und Ihr Projekt erfolgreich umzusetzen. In den folgenden Unterkapiteln sind die Schritte im Einzelnen erläutert und es wird auf die zugehörigen Checklisten verwiesen. Bedenken Sie bitte, dass es sich hier um ein Arbeitsbuch handelt. Wenn Sie Begriffe und Zusammenhänge nicht kennen, nutzen Sie bitte das Glossar oder suchen Sie im Inhaltsverzeichnis nach den Themen. Alle benötigten Checklisten kann man hier downloaden: https://www.kleinkes.net/docs/checklisten-content-marketing-b2b/.

Abb. 4.1 Flow-Diagramm für Content Marketing

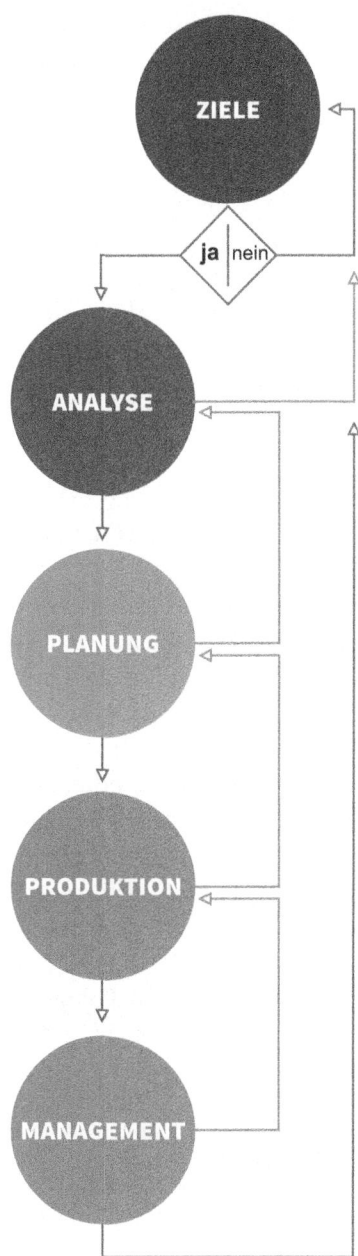

In Abb. 4.1 ist auch erläutert, in welcher Reihenfolge Sie vorgehen. Am Anfang stehen die Ziele, die Sie für den Start festlegen. Sie starten nur mit definierten Zielen. Sie durchlaufen dann alle Phasen nacheinander von oben nach unten. Von der Analyse bis zum Management können Sie auch agil vorgehen. Das heißt, Sie probieren verschiedene Formate, Kanäle etc. aus und messen den Erfolg. Was funktioniert, wird gemacht. Was nicht klappt, wird in Zukunft weggelassen. Das ist mit den Pfeilen neben den Kreisen für die einzelnen Phasen gemeint. Am Ende ist es wieder ein großer Kreislauf. Nachdem Sie Ihren Content verbreitet haben, messen Sie Ihren Erfolg, justieren gegebenenfalls die Ziele und starten wieder mit der Phase Analyse in Abschn. 4.2.

4.1 Erster Schritt: Ziele, Strategie und Ressourcen

Vor dem Machen stehen immer Ziele, Strategie und Ressourcen. Überlegen Sie sich, welche Ziele Ihnen wirklich wichtig sind. Mit Content Marketing peilen Sie eher lang- als kurzfristige Ziele an. Es geht sowohl um qualitative als auch um quantitative Ziele. Qualitative Ziele sind zum Beispiel Ihr Image als Experte einer Branche zu verbessern oder Ihren Bekanntheitsgrad zu erhöhen. Quantitative Ziele sind zum Beispiel die Zahl der Follower auf Instagram. Quantitative Ziele lassen sich naturgemäß leichter messen. Die ultimativen Ziele des Content Marketings sind, die Stellung als Experte einzunehmen und bei Kundinnen und Kunden Vertrauen aufzubauen. Das kann man auch messen. Sie müssten hierfür Ihre Kundinnen und Kunden befragen. Das ist natürlich bedeutend aufwendiger, als Follower auf Instagram zu zählen.

> Für den Anfang ist die Aufstellung von Zielen wichtig. Ohne Ziele starten Sie bitte nicht. Erstellen Sie lieber wenige, machbare Ziele als zu viele. Ziele sollten spezifisch, messbar und erreichbar (im Englischen: achievable), realistisch und terminiert, kurz: **smart** sein (Yemm 2012).

Ziele

In der Checkliste am Ende dieses Abschnitts tragen Sie bitte Ihre Ziele ein. Sie können das so machen, wie es in den folgenden Zeilen besprochen wird. Das müssen Sie aber nicht. Die Hauptsache ist, dass Ihre Ziele smart sind. Im Folgenden werden Beispiele genannt, die Sie mit Ihren Ideen abgleichen können.

Ziele können auf verschiedene Bereiche einzahlen. In diesem Buch werden drei Bereiche von Zielen angesprochen (Bundesverband Digitale Wirtschaft (BVDW) e.V. 2018b):

- Reichweite (Sichtbarkeit im Markt)
- Interaktion (Kunden nehmen Ihre Inhalte nicht nur wahr, sondern teilen sie zum Beispiel auch)
- Conversion (z. B. abonnieren Kundinnen und Kunden Newsletter, kaufen Produkte)

Sie werden diese Begriffe auch in Abschn. 4.5.4 bei der Diskussion der Zielkontrolle wiederfinden. In der Tab. 4.1 sind einige

Tab. 4.1 Ziele für das Content Marketing

Reichweite	Interaktion	Conversion
mehr Besucher auf der Internetseite für ein bestimmtes Produkt	mehr konkrete Anfragen zu bestimmten Fragestellungen/Themen	mehr Verkäufe im Webshop
mehr Follower auf einem Social-Media-Kanal (Ziel-Zahl festlegen)	Weiterleiten von Inhalten durch Kunden	qualitativ bessere Leads
mehr konkrete Kundenkontakte über digitale Inhalte	Verweildauer der Interessenten auf eigenen Webseiten erhöhen	Verbesserung des Images
Steigerung der Bekanntheit des Unternehmens	Kundinnen und Kunden besuchen aufgrund von Content einen Messestand auf einer Messe	Wahrnehmung als Experte im Markt
Besseres Ranking auf Google Thema/Produkt/Dienstleistung/Kompetenz bekannter machen	Kundinnen und Kunden fragen nach weiterem Content	Gewinnung von Neukunden Kundenbindung

Tab. 4.2 Checkliste Ziele, Strategie und Ressourcen

Ziele, Strategie und Ressourcen		
Benennen Sie konkrete Ziele für das Content Marketing (Schreiben Sie diese Ziele in das Feld rechts! Falls der Platz nicht reicht, nehmen Sie bitte ein zusätzliches Blatt) OHNE ZIELE GEHEN SIE BITTE NICHT WEITER VOR, BESCHREIBEN SIE ZUERST IHRE ZIELE.		☐
Schreiben Sie Ihre Strategie für das Content Marketing auf!		☐
Ressourcen Wer ist für das Content Marketing hauptverantwortlich? Welches Budget ist vorgesehen?		☐

Ziele genannt, die Sie in die Checkliste Tab. 4.2 eintragen könnten. Überprüfen Sie Ihre Ziele regelmäßig einmal im Jahr anhand dieser Checkliste.

Strategie
Wenn Sie bereits eine valide Content-Strategie haben, ist das gut. Sie können Ihre strategischen Überlegungen dann direkt in die Checkliste eintragen. Wenn eine Strategie ein Weg ist, um ein Ziel zu erreichen bzw. „ein Muster in einem Strom von Entscheidungen" (Mintzberg et al. 2009) ist, dann kann es sein, dass Sie verschiedene Wege bzw. Verhaltensmuster ausprobieren sollten, um erfolgreich zu sein. In dem Fall bleibt

das Feld „Strategie" zunächst leer. Die weiteren Anweisungen und Checklisten sollen Ihnen dabei helfen, Ihren Weg zu finden. Arbeiten Sie alle Checklisten durch und notieren Sie dann Ihre intendierte Strategie. Finden Sie Ihr Erfolgsmuster!

Für viele mittelständische Unternehmen ist ein „Lean"-Ansatz sinnvoll. Das bedeutet, Sie fokussieren sich auf wenige Formate, Kanäle und Themen. Welche das sind, überlegen Sie anhand der folgenden Checklisten und Ihrer Erfahrung in der Praxis. Die digitale Welt ist sicherlich schnelllebig, trotzdem sollten Sie nicht auf jeden neuen Zug, Social-Media-Kanal oder jedes neue Format aufspringen.

Überprüfen Sie Ihre Strategie regelmäßig einmal im Jahr mit der Checkliste (s. Tab. 4.2).

Ressourcen

> Eine Person sollte beim Thema Content Marketing „den Hut aufhaben", über zeitliche Ressourcen hierfür verfügen und das Mandat haben, Sitzungen einzuberufen und Deadlines zu überwachen.

Die wichtigste Ressource sind Ihre Mitarbeiterinnen und Mitarbeiter. Die Person, die das Thema Content Marketing betreut, sollte sich gut mit Texten und digitalen Medien auskennen. Sie werden auch nicht umhinkommen, gelegentlich Ihre Fachleute aus dem Bereich F&E oder der Produktion einzubeziehen.

Wenn Sie kreative, motivierte und im journalistischen Bereich versierte Mitarbeiterinnen und Mitarbeiter haben, sind diese Ihre Ressource für Ihr Content Marketing. Ich empfehle auch, Budget für professionell gemachte (Produkt-)Fotos oder Videos einzustellen. Das Buch soll Ihnen auch dabei helfen, mit geeigneten Marketing-Agenturen auf Augenhöhe zu sprechen. Lassen Sie sich von Agenturen unbedingt Referenzen zeigen, die möglichst Ihrer Firmengröße und Branche entsprechen. Für eine gute Agentur spricht, dass man dort Erfahrung mit Content Marketing hat.

Für eine Inhouse-Lösung spricht, dass Ihre Mitarbeiter aus dem Marketing/der Kommunikation sehr mit Ihrem Unternehmen vertraut sind, die Produkte und Dienstleistungen gut kennen und nahe bei den anderen Mitarbeitern, z. B. aus der F&E, sind, die man für Content Marketing eben auch braucht. Für viele mittelständische Unternehmen werden Agenturen keine Alternative gegenüber der Inhouse-Lösung sein, weil gute, auf B2B spezialisierte Agenturen schlicht zu teuer sind.

Neben den beteiligten Personen kann auch die Content-Produktion finanzielle Ressourcen fordern. Bei aufwendigen Formaten (Abschn. 4.4.1), wie zum Beispiel Filmen, können schnell auch mal mittlere fünfstellige Summen zusammenkommen. Nach oben ist, wie bei allen Produkten, das Ende offen. Mittlerweile gibt es auch viele KI-Tools, die dabei helfen, gute Filme zu produzieren. Außerdem sind Handys in diesem Bereich so gut, dass authentisch Videos mit dem Smartphone gedreht werden können. Ein Beispiel dafür finden Sie mit dem QR-Code (Abb. 4.2) bei Funke-Wärmetauscher.

> Sie bekommen in Abschn. 4.2.1 Werkzeuge für die Ressourcenplanung an die Hand, wie zum Beispiel einen Redaktionsplan.

Mehr Ressourcen-Effizienz durch Marketing Automation und generative KI

Marketing Automation ist ein sehr umfassendes Thema (2017). Hier geht es konkret um Werkzeuge, die Ihnen helfen, Content effizient zu verbreiten. Wenn Sie neben Ihrer Website mehrere Social-Media-Kanäle (Abschn. 4.5.3)

Abb. 4.2 QR-Code Funke Wärmetauscher

bedienen und vorhaben, viele Themen im Jahr zu besetzen, sollten Sie über Werkzeuge im Bereich Marketing Automation nachdenken. Mit diesen Werkzeugen können Sie Ihr Content Marketing viel effizienter verbreiten, weil Sie sich nur einmal einloggen müssen und den Content für mehrere Monate einstellen können, der dann automatisiert ausgespielt werden kann. Der Markt ändert sich in diesem Bereich schnell, sodass hier keine ausdrückliche Empfehlung für ein IT-Produkt ausgesprochen wird. Einen schnellen Überblick finden Sie bei Blochinger (Blochinger o. J.).

Generative KI kann Ihre Effizienz verbessern. Wir werden das in Kap. 5 vertiefen.

Mehr Ressourcen-Effizienz durch Netzwerke, Verbände und Events
Netzwerke und Verbände können Sie dabei unterstützen, Ihren Content zu verbreiten. Hierdurch lässt sich die Sichtbarkeit deutlich erhöhen, weil viele Interessenten gerade bei Multiplikatoren nachschauen, wer denn so im Markt aktiv ist. Bei einigen Netzwerken ist es auch umgekehrt möglich, d. h., dass Sie die im Netzwerk erstellten Inhalte teilen können. Also wenn z. B. ein Fachverband für die Branche nützliche Informationen erstellt, können Sie oft diesen Content nutzen und selbst weiterverbreiten. Das ist für Unternehmen hilfreich, die unter anderem aus Ressourcengründen wenig eigenen Content erstellen können.

Achten Sie bei der Auswahl Ihres Netzwerks oder Verbands darauf, dass Sie auf Augenhöhe sind. Bei Verbänden, in denen viele Großkonzerne organisiert sind, haben Sie es als Mittelständler vermutlich schwerer, Content zu platzieren. Überprüfen Sie regelmäßig, ob Aktivitäten hier mehr Aufmerksamkeit für Sie bringen. Denken Sie auch daran, dass Netzwerke und Verbände nicht an Werbung, sondern an inhaltlich interessanten Beiträgen zu Ihren Innovationen, zu Ihrem neuen Ausbildungskonzept oder dem Umzug in ein neues Firmengebäude interessiert sind. In Abschn. 6 werden Sie ein Beispiel für einen solchen Verband kennenlernen.

Wenn Sie an einer Messe, einem Kongress oder einem anderen Event teilnehmen, haben Sie in der Regel die Möglichkeit, Ihren Content zu dem entsprechenden Anlass über den Veranstalter zu verbreiten. Das

Thema Messe würde eigentlich noch ein eigenes Kapitel hergeben. Nur so viel dazu: Mein ehemaliges Unternehmen hat auf einer der größten Industriemessen der Welt den Messeauftritt von bis zu 70 internationalen Unternehmen organisiert und vermarktet. Es war erschreckend, wie wenige Unternehmen zu diesen Anlässen im Vorfeld überhaupt irgendwelche Inhalte zu ihrem Messeauftritt parat hatten. Diese Unternehmen haben die Vorarbeit mangels Planung als Belastung angesehen. Drehen Sie das um und nutzen Sie externe Organisationen als Ihre Ressource. In der Regel haben Sie dafür bereits durch Ihre Mitgliedschaft oder Teilnahme bezahlt. Folgende Organisationen könnten für eine Hebelwirkung für Sie interessant sein:

- Ihre lokale Industrie- und Handelskammer
- Industrie-/Fachverbände, in denen Sie Mitglied sind
- themenspezifische Netzwerke
- Events/Messen

Wie ein Verband das Thema Content Marketing organisiert, ist in Kap. 6 geschildert.

> Viele Netzwerke, Organisationen oder Event-Veranstalter haben gar keinen eigenen Content. Nutzen Sie das als Ressource für Ihren Content.

Diese Liste sollte jederzeit für alle am Content Marketing Beteiligten bekannt und verfügbar sein. Unter www.kleinkes.net/docs/checklisten-content.marketing-b2b kann man sich diese Liste herunterladen.

Checkliste für die Content-Konzeption
Die Checkliste Tab. 4.2a dient dem Content-Prozess bzw. der Konzeption, wie sie in Abb. 4.1 ab Schritt 2 abgebildet ist. Sie können auf einen Blick sehen, was zu tun ist, es umsetzen und dann anhand dieser Liste abhaken. Für den Site-Check sollten Sie die Checkliste in Abschn. 4.2.1 abarbeiten, bevor Sie hier das Feld abhaken. Das Gleiche gilt für die anderen drei Bereiche Ressourcen, Konzeption sowie Planung, Produktion und Management. Alle benötigten Checklisten kann man hier downloaden: https://www.kleinkes.net/docs/checklisten-content-marketing-b2b/.

4 Content Marketing machen

Tab. 4.2a Checkliste für die Content-Konzeption

Content-Konzeption für den Zeitraum: _____

Analyse		
Site-Check für alle Internetseiten s. Abschn. 4.2.1	Führen Sie den Site-Check in Abschn. 4.2.1 durch und haken Sie hier ab, wenn der Check durchgeführt ist. Sehen Sie das wie einen TÜV-Mängelbericht. Man kann auch mit einem Reifenprofil von zwei Millimetern im Winter fahren, aber es ist keine gute Idee. Überlegen Sie sich, welche „Profiltiefe" Ihre Website haben soll. Wenn Sie bei Problemen unsicher sind, tauschen Sie sich mit einer kompetenten Agentur oder in Ihrem Netzwerk aus.	☐
Social Media	Anzahl der Follower für den jeweiligen Kanal (Bitte notieren) Wie viele Posts sind auf dem jeweiligen Kanal innerhalb eines definierten Zeitraums gesendet worden? (Bitte notieren)	☐
Wettbewerbsanalyse s. Abschn. 4.2.3	Führen Sie den Wettbewerbs-Check in Abschn. 4.2.3 durch und haken Sie ihn hier ab.	☐
Planung (Abschn. 4.3)		
Redaktionsplanung	Themen und Termine für dieses Jahr sind komplett geplant	☐
Produktion (Abschn. 4.4)		
Inhalte	Inhalte sind fertig produziert bzw. Produktion geplant	☐
Keywords	Keywords sind definiert und in alle relevanten Bereiche integriert	☐
SEO	SEO-Maßnahmen wurden durchgeführt	☐
Kanäle	Kanäle sind definiert	☐
Management (Abschn. 4.5)		
Prozessverantwortliche sind benannt für		
Produktion		☐
Dokumentation		☐
Qualitätsmanagement		☐
Verbreitung des Contents		☐
Controlling		☐
Prozess ist gegenüber allen Akteuren kommuniziert		☐
KPI sind definiert und werden gemessen		☐
Die richtigen Kanäle sind definiert		☐

4.2 Zweiter Schritt: Die Analyse

Sie führen jetzt die Analyse Ihrer bisherigen Aktivitäten durch. Für den Content-Site-Check und für die Wettbewerbsanalyse ist die Vorgehensweise ausführlich dargestellt.

4.2.1 Der Content-Site-Check

Der Content-Site-Check ist der erste Schritt und eine Art „TÜV" Ihrer gesammelten bisherigen Inhalte im Internet. Im Wesentlichen sind das vermutlich Ihre Webseiten. Überprüfen Sie anhand der im Buch vorgestellten Regeln, inwieweit der bisherige Content Ihre Ziele und strategischen Vorgaben erfüllen kann. Sie finden in diesem Buch weiter unten ein Muster für eine Auswertung, das Ihnen anhand eines fiktiven, aber konkret beschriebenen Beispiels zeigt, wie man vorgehen kann. Ihre Checkliste zum Bearbeiten können Sie sich unter www.kleinkes.net/docs/checklisten-content-marketing-b2b herunterladen.

Sie überprüfen zum Beispiel, ob Ihre Inhalte die richtige Zielgruppe ansprechen und ob die Inhalte aktuell sind. Laut einer Studie der Hochschule Hamm-Lippstadt aktualisierten in 2013 60 % aller KMU aus dem Hightech-Bereich ihre Websites nur monatlich oder in deutlich längeren Intervallen (Kleinkes et al. 2013). Aktuellere Untersuchungen zu dem Thema sehen den Wert bei 50 % (Kleinkes und Hildebrand 2020). Wenn Unternehmen von sich behaupten, technologisch führend zu sein, aber nur veraltete Inhalte und ein Internet-Design haben, das total „out of date" ist, passt das nicht zusammen. Der erste Schritt ist, den Fit zwischen Anspruch und Wirklichkeit zu messen.

Folgende Punkte sind für den hier im Buch diskutierten Site-Check wesentlich (Löffler 2016):

- Suchmaschinenfreundliche Inhalte
- Lesefreundliche Texte
- Verständliche Texte
- Call-to-Action
- Möglichkeiten, Inhalte mit anderen zu teilen

Suchmaschinenfreundliche Inhalte

Suchmaschinenfreundliche Inhalte führen dazu, dass Ihre Texte besser von Suchmaschinen gefunden werden. Hierbei geht es um die Optimierung von Webseiten für die Suchmaschinen, wie zum Beispiel korrekte Metadaten (Seitentitel, Seitenbeschreibung, Keywords), H1-Tags (große Überschrift im Text) etc. Ihr Content sollte auf der Google-Trefferliste möglichst weit oben stehen. Man kann auch beeinflussen, wie die Ergebnisse in Google angezeigt werden. Die Checkliste zum Site-Check (Abschn. 4.2.1) zusammen mit einigen wichtigen Handgriffen sollte die gröbsten Schwierigkeiten beseitigen, sofern welche vorhanden sind. Es gibt von HubSpot und Ryte einen nützlich Planer (Rohr 2019), den man zusätzlich zur Hand nehmen kann. Im Glossar finden Sie Erläuterungen zu den Fachbegriffen des Site-Checks.

Lesefreundliche Texte

Viele Regeln, die für das Aufbereiten von gedrucktem Text gelten, sind auch für den digitalen Bereich sinnvoll. Gestalten Sie Ihre Texte mit aussagekräftigen Überschriften und grafisch mit Absätzen und Aufzählungen. Digitale Texte sind im Vergleich zu gedruckten Texten anstrengender zu lesen. Hier wirken „Bleiwüsten" noch abschreckender als in gedruckter Form. Im Abschn. 4.4.2 finden Sie weitere Hinweise zum Texten.

Verständlichkeit

Neben der Tatsache, dass natürlich die Rechtschreibung und Grammatik stimmen sollten, geht es um die richtige Ansprache des Publikums. Manchmal kann eine Infografik passender als ein Text sein, um komplexe Zusammenhänge zu verstehen. Bei manchen Zielgruppen sind Fremdwörter nicht zielführend. In spezifischen Fachgruppen hingegen sollte man eventuell durch das geeignete Vokabular erkennen lassen, dass man dazugehört. Denken Sie auch daran, dass die Generationen Z und Alpha eher kurze Texte bevorzugt (Abschn. 1.1).

Call-to-Action: Kundinnen und Kunden durch den Verkaufsprozess begleiten

Lassen Sie die Besucher Ihrer Internetseite niemals allein. Wenn z. B. Ihr Whitepaper viele drängende Fragen eines Website-Besuchers sehr gut beantwortet, sollte sofort klar sein, wie es weitergeht. Das kann mit einer sehr einfach zu findenden Rufnummer oder E-Mail-Adresse geschehen, die direkt zum richtigen Ansprechpartner im Unternehmen führt. Fordern Sie die Besucher auf, Sie zu kontaktieren, weitere Inhalte herunterzuladen und im Gespräch zu bleiben (Call-to-Action bzw. CTA). Bewerten Sie Ihre Website dahingehend sehr kritisch. Versuchen Sie, auf Ihrer Website über ein Produkt Informationen zu erlangen oder es zu kaufen. Falls es geht, lassen Sie einen Dritten dieses tun und den Prozess bewerten.

Möglichkeiten, Inhalte mit anderen zu teilen
Manche Inhalte finden Besucher so herausragend, dass sie sie sofort mit anderen teilen möchten. Bei technischen Inhalten können das zum Beispiel gut gemachte Checklisten, sehr spannende Erklärvideos oder brandaktuelle Whitepaper sein. Geben Sie den Besuchern die Möglichkeit, Inhalte sehr bequem und einfach über geeignete Social-Media-Kanäle zu teilen.

Auftrag: Arbeiten Sie alle unten stehenden Punkte ab!

- Arbeiten Sie die Checkliste für **alle** Webseiten durch. Sie sollten für Ihren Internetauftritt eine Sitemap haben. Das ist das Inhaltsverzeichnis Ihres Internetauftritts mit allen Seiten (Website). Wenn Sie Seiten finden, die Sie für so unwichtig halten, dass Sie sie nicht analysieren wollen, sollten Sie diese Seiten vermutlich direkt löschen.
- Googlen Sie – möglichst auf einem Ihnen fremden Rechner – alle relevanten Schlüsselworte (Keywords) Ihrer Branche. Wenn Ihre Website nicht auf der ersten Seite steht, haben Sie ein Problem. Weitere Hinweise für Keywords finden Sie in Abschn. 4.4.4, weitere Hinweise zur SEO-Optimierung finden Sie hier Abschn. 4.3.2.
- Trennen Sie sich von überflüssigen und veralteten Inhalten. Das können auch ganze Webseiten sein. Schreiben Sie auf, was Sie neu machen wollen, und fügen Sie das dann in Ihre Planung ein (Abschn. 4.3).

4.2.2 Beispiel für eine Checkliste für den Site-Check

Notieren Sie die genaue Adresse (URL) jeder zu untersuchenden Seite. Unten ist das recht einfach mit dem fiktiven Beispiel www.beispiel.net angegeben. Es gibt natürlich auch längere Adressen, die Sie bitte korrekt aus der Adresszeile des Browsers kopieren.

Die unten genannten Tabellen sollten Sie für sich sinnvoll adaptieren. Die Begriffe sind nochmal im Glossar erläutert. Es empfiehlt sich, die Checkliste in einer Excel-Tabelle anzulegen. Sie können hierbei dann weitere Kriterien einfügen und dann auch das Thema Content Management integrieren (Deadlines zur Veröffentlichung, Verantwortlichkeiten etc.). Schauen Sie sich bitte die Musterdatei unter https://www.kleinkes.net/docs/checklisten-content-marketing-b2b an, die Sie gerne für eigene Zwecke downloaden, nutzen und nach Ihren Vorstellungen verändern können.

Auf den folgenden Seiten finden Sie Vorschläge für Checklisten für Ihren qualitativen Site-Check. Es sind hier Webseiten der fiktiven DIFAST AG aufgeführt und dazu Kommentare eingefügt, die Ihnen die Vorgehensweise erläutern sollen (Tab. 4.3).

Tab. 4.3 Beispiel für qualitativen Site-Check

SEO-Freundlichkeit	
Startseite „Beispielfiktiv.net"	Neue Ideen/Kommentare
Ranking der Seiten bei Suche nach wichtigen Keywords	☐ Keyword „Partikelfilter": Seite 1, Platz 3 Keyword „Mikroplastik auffangen": Seite 5, Platz 10 Keyword „Wie teuer ist der Partikelfilter?": Seite 2, Platz 3
Richtige Keywords im Text?	☐ Wir sollten noch einmal die Keywords überprüfen! Was sucht unsere Branche im Jahr 2024?
Metadaten korrekt? (Title, Description, Keywords)	☐ Metadaten noch einmal prüfen:Stimmt der Seitentitel?
Alt-Tags für Bilder vorhanden? (Sie beschreiben das, was man auf dem Bild sieht: „Hier sehen Sie ein Beispielbild.")	☐ Es fehlen Bildbeschreibungen für die neuen Produktfotos Filter1.jpg und Filter2.jpg-> bitte eintragen

(Fortsetzung)

Tab. 4.3 (Fortsetzung)

Links zu anderen Seiten vorhanden? („sprechende Links": Links bestehen aus sinnvollen Wörtern – keine Zahlen, Abkürzungen etc.)	☐	Einige Links führen auf nicht mehr vorhandene Seiten, diese korrigieren! Unbedingt zu Beispiel-Download-Bereich verlinken
H1-Tag vorhanden? (große Überschrift)	☐	o. k.
H2-Tags? (mittlere Überschriften)	☐	H2-Tag fehlt: ergänzen

Lesbarkeit/Verständlichkeit

Startseite „Beispiel.net"		Neue Ideen/Kommentare
Sind die Texte „grafisch gestaltet" (Gliederung, Absätze), keine Bleiwüsten?	☐	Text ist okay gestaltet. Wir könnten noch ein Foto einfügen.
Sind die Aufzählungen sinnvoll?	☐	ja
Steht das Wichtigste zuerst im Text? Der Text sollte wie ein Zeitungsartikel journalistisch gestaltet werden und mit dem Wichtigsten anfangen.	☐	okay
Werden unsere User auf dem richtigen Sprach-Level abgeholt?	☐	okay
Haben wir für unseren Content die richtigen Formate ausgewählt? (Text, Bild, Video, …)	☐	Haben wir
Rechtschreibung okay?	☐	ist okay
Werden unsere Kundinnen und Kunden in der richtigen Sprache (Englisch, Chinesisch etc.) abgeholt?	☐	Wir haben jetzt sehr viele Kundinnen und Kunden in Brasilien. Wir brauchen vermutlich dringend Seiten in brasilianischem Portugiesisch.

Kontakt/Call-to-Action/Teilbarkeit

Startseite „Beispiel.net"		Neue Ideen/Kommentare
Kunde hat sofort Zugang zu Telefonnummer	☐	Telefonnummern stehen auf den Seiten zu weit unten!
E-Mail	☐	Neue Mitarbeiter/innen überprüfen
Gibt es sinnvolle weiterführende Links?	☐	Nein, überprüfen
Kann man Content einfach teilen? (Gibt es einen Grund dafür?)	☐	okay
Call-to-Action (Gibt es eine Aufforderung, etwas zu tun?)	☐	Wir haben im Herbst eine Messe. Wir sollten die Aktion für die Freitickets auf die Startseite stellen.
Sind wir mit der DSGVO konform?	☐	Rücksprache mit Anwalt zur Beratung ist bereits geplant.

Qualitativer Seiten-Check

> **Fiktives Beispiel**
>
> Die Firma DIFAST AG stammt aus Deutschland und hat ihren Sitz in Krummhörn/Ostfriesland. Das Unternehmen stellt Filter für Kläranlagen her und stattet damit Industrie und Kommunen aus. Es hat 50 Mitarbeiterinnen und Mitarbeiter und einen Jahresumsatz von 5,7 Mio. €. Das Unternehmen exportiert in die USA, nach China, Brasilien und in die EU. Im Unternehmen ist eine Person für die Kommunikation und damit die Themen Internetseiten und Content Marketing zuständig.

4.2.3 Der Wettbewerb

Wenn Sie zuerst Ihre eigenen Webseiten und digitale Kanäle sorgfältig überprüft haben, lohnt es sich danach, ein Auge auf die wichtigsten Wettbewerber zu werfen. Dazu können Sie zum Beispiel die unten stehenden Kriterien nutzen. Hierbei wird Ihnen schnell auffallen, was Ihre Wettbewerber unter Umständen besser machen, und Sie können Ideen für Ihre Planung entwickeln. Das könnte neue Social-Media-Kanäle, Themen oder einfach auch die Gestaltung der Seite betreffen. Eine Musterdatei zur Wettbewerbsanalyse finden Sie unter: https://www.kleinkes.net/docs/checklisten-content-marketing-b2b. Um Ihnen das Vorgehen exemplarisch zu erläutern, habe ich unten eine fiktive Case Study aufgeführt.

Case zur Erläuterung mit fiktiven Beispielen
Die fiktive Firma DIFAST AG aus Deutschland kennen Sie ja bereits. Sie rüstet Klärwerke mit Filtern aus. Internationale Wettbewerber sind die

- Filterfox GmbH & Co. KG aus Deutschland
- Yanlong Ltd aus Hongkong

Die folgende Tabelle charakterisiert die Unternehmen (Tab. 4.4).
Das Marketing der DIFAST AG hat seinen Site-Check abgeschlossen und will in die weiteren Schritte des Content Marketings – Planung und

Tab. 4.4 DIFAST AG als fiktiver Case, Vergleich der fiktiven Unternehmen

	Mitarbeiter/innen	Unternehmensform	Kunden
DIFAST AG	50	Deutsches Unternehmen	Industrie- und kommunale Kläranlagen
Filterfox GmbH & Co. KG	40	Deutsches Familienunternehmen	kommunale Kläranlagen
Yanlong Ltd	30.000	Internationaler Konzern	Industrie- und kommunale Kläranlagen

Management des Contents – einsteigen. Da der Markt sehr kompetitiv ist, werden vor dem Start eigener Content-Aktivitäten die Maßnahmen der Mitbewerber in einem Scoring-Modell mit den eigenen Aktivitäten verglichen. Sie können das so feingranular wie unten beschrieben machen. Oft reicht aber eine deutlich kürzere bzw. komprimiertere Kriterienliste aus, wie sie zum Beispiel unten aufgeführt ist. Bei vielen Scoring-Modellen ist es so, dass Zahlen eingetragen werden, die dann eine Objektivität suggerieren können. So ist das auch hier. Bei dem hier vorgeschlagenen Punktesystem wird oft „nach Bauchgefühl" bewertet. Man sollte sich bemühen, das so objektiv wie möglich zu machen, und für eine erste Einschätzung ist das in Ordnung. Die Kommentare zu Ihren Bewertungen geben häufig sehr gute Hinweise zu eigenen Defiziten oder Pluspunkten.

Kriterien für ein solches Scoring-Modell können zum Beispiel sein:

- SEO-Ranking: Stehen die Websites Ihrer Wettbewerber in den Google-Ergebnissen vor Ihrer? Hier lassen sich die Punkte ganz einfach verteilen. Das Ergebnis gibt Ihnen weitere Hinweise darauf, wie suchmaschinenfreundlich Ihr Text ist.
- Zielgruppenansprache: Werden Ihre Zielgruppen auf der Startseite und den folgenden Seiten angesprochen? Wie schnell finden Ihre Zielgruppen den für sie nützlichen Inhalt?

- Textqualität/Keywords: Wie gut sind die Texte hinsichtlich Verständlichkeit und Lesbarkeit? Welche Schlüsselwörter sind in Ihrer Branche wichtig? Wonach wird auf Google gesucht („Filter für Kläranlagen", „Filtration", …)? Sind Ihre Wettbewerber up-to-date? Sie können Keywords Ihrer Wettbewerber über geeignete Tools ermitteln (Abschn. 4.4.3).
- Call-to-Action: Gibt es für die Kundinnen und Kunden auf der Website klare Handlungsmöglichkeiten? Sind Ansprechpartner, Rufnummern, E-Mail-Adressen gut sichtbar? Fordern Sie Ihre Kunden auf, Sie zu kontaktieren (z. B.: „Rufen Sie uns jederzeit unter 0123456789 an!")?
- Kanäle (Social Media): Welche Kanäle bedienen Sie und Ihre Marktbegleiter? Wie gut machen Sie das bezüglich Qualität und Quantität? Gibt es hier Möglichkeiten, Inhalte mit anderen zu teilen? Sind die Inhalte so aufbereitet, dass man sie teilen möchte?
- Sprachen: In welchen Sprachen werden die Interessenten angesprochen?
- Scoring-Modell und Summe: In diesem Beispiel werden Punkte von −5 bis +5 für jedes Kriterium vergeben. Oft sind nur wenige Kriterien gut quantifizierbar, wie in diesem Beispiel das Suchmaschinen-Ranking bei Google. Bei allen anderen Kriterien gibt es natürlich immer subjektive Spielräume. Erläutern Sie Ihre Punkteverteilung mit nützlichen Kommentaren (Tab. 4.5).

In diesem Beispiel liegt die DIFAST AG knapp vor dem nationalen, aber deutlich hinter dem internationalen Wettbewerber. Klar ist auch, dass der Vergleich eines Mittelständlers mit einem internationalen Konzern immer hinkt. Dieser Vergleich soll Ihnen aber helfen, den Wettbewerb einzuschätzen, akute Problemzonen zu identifizieren und Ideen für Ihre eigenen Aktivitäten zu sammeln.

Sie können sich auch ein für Ihre Zwecke nützliches Modell mit Ihren eigenen Kriterien und Punkten schaffen. Dieses Modell soll nur der Illustration dienen. Wenn Sie mehrere Wettbewerber mit Ihrer Leistung vergleichen, sehen Sie sowohl bei den spezifischen Kriterien als auch bei der Gesamtleistung auf einen Blick hilfreiche Hinweise zu Ihrer Position.

Tab. 4.5 Scoring

	DIFAST	Kommentar	Filterfox	Kommentar	Yanlong	Kommentar
SEO-Ranking bei Google Keyword: Klärwerkfilter	+2	Platz 3	+1	Platz 4	+5	Platz 1 und 2
Zielgruppe	+3	Klare Ansprache von kommunalen Klärwerken	+1	Bauchladen, keine klare Ansprache von Zielgruppen	+3	Klare Ansprache von kommunalen Klärwerken
Textqualität	-1	Texte z. T. veraltet	-2	Viele Tippfehler, alte Texte	+2	Texte aktuell, aber nicht immer gut lesbar
CTA	-1	Man muss lange suchen, bis man einen Ansprechpartner findet	+5	Telefonnummern und Ansprechpartner sofort sichtbar/Chatbot 24/7 erreichbar	+2	Ansprechpartner gut sichtbar
Kanäle	+1	Facebook, TikTok	-1	Nur die Website	+2	Facebook, Sina Weibo, TikTok, LinkedIn
Sprachen	+2	Deutsch/Englisch	0	Nur Deutsch	+5	Englisch, Chinesisch, Spanisch, Französisch, Schwedisch
Summe	6	DIFAST	4	Filterfox	19	Yanlong

Scoring-Modell zum Vergleich mit Wettbewerbern

4.3 Dritter Schritt: Die Planung

Die Planung hat zwei Ebenen: Themenfindung und Themenplanung (Redaktionskalender).

Es hat sich bewährt, an einem Termin im Jahr eine komplette Jahresplanung zu Inhalten und Terminen zu machen. Oft ist das der Jahresbeginn. Sie können aber auch zu jedem anderen Zeitpunkt im Jahr starten. Holen Sie alle wichtigen Akteure dazu, die für die Content-Planung und -Erstellung relevant sind.

4.3.1 Themenfindung

Bei der Themenfindung gibt es zwei unterschiedliche Ansätze: Es gibt inhaltliche Anknüpfungspunkte und es gibt termingesteuerte Anlässe.

Inhaltliche Anknüpfungspunkte
Für welches Thema „brennt" Ihr Unternehmen und für was stehen Sie morgens auf? Das Unternehmen Volvo hat diese Frage mit folgender Vision beantwortet: „Our vision is that by 2020 no one should be killed or seriously injured in a new Volvo car" (Samuelsson 2020). Volvo produziert sehr viel Content rund um das Thema Sicherheit im Automobil und gilt als Experte auf diesem Gebiet. Und für welche Fragen brennen Ihre Kundinnen und Kunden? Für welches Thema wollen Sie als Experte wahrgenommen werden? Welche Themen sind dieses Jahr besonders wichtig?

Im B2B-Bereich sind die Akteursgruppen oft überschaubar, sodass wichtige Themengebiete bekannt sein dürften. Gleichzeitig kann man über entsprechende Internetseiten, wie z. B. www.answerthepublic.com, versuchen herauszukommen, welche Fragen zum Beispiel zum Thema „Abluftreinigung in der kunststoffverarbeitenden Industrie" oder „biologisch arbeitende Klärwerke" gestellt werden. Auch über die Keyword-Recherche können Sie herausfinden, was Kundinnen und Kunden derzeit stark bewegt.

> Ermitteln Sie mit einer Keyword-Recherche die wichtigsten Fragen bzw. Schlüsselbegriffe, die Kundinnen und Kunden rund um Ihr Produkt oder Ihre Dienstleistungen im Netz stellen! (Abschn. 4.4.4)

Termingesteuerte Anlässe
Auf dem Jahreskalender Ihres Unternehmens befinden sich hoffentlich sowieso alle wichtigen Termine – vom Geburtstag des Seniorchefs über die Teilnahme an der wichtigsten Branchenmesse bis hin zum Audit für die DIN ISO 9001. Beziehen Sie möglichst alle wichtigen Akteure für die externe Kommunikation ein, damit Ihnen kein Termin entgeht. Bei welchen Terminen ist Ihnen eine erhöhte Aufmerksamkeit garantiert und wann erwarten Ihre Kundinnen und Kunden sogar, dass Sie sich melden?

Ein Beispiel ist die Einführung der Datenschutzgrundverordnung (DSGVO), die wir ja vermutlich alle noch leidvoll in Erinnerung haben, weil wir dringend Informationen zu diesem Thema brauchten. Clevere Anwälte hatten für diesen Termin sicherlich einen Redaktionsplan und ihre Themen bezüglich der Einführung der DSGVO orchestriert. Bei der Änderung von rechtlichen Bestimmungen sind Ihre Chancen, die Aufmerksamkeit zu erreichen, sehr groß, wenn Sie Kundinnen und Kunden helfen können. Aktuell ist das Thema EU-AI-ACT bzw. die KI-Verordnung. Die sichere, rechtliche Handhabung von künstlicher Intelligenz vor dem Hintergrund dieser neuen Gesetzgebung wird sicherlich Fragen aufwerfen. Wer dazu Content im Netz anbietet, wird geklickt.

Als weiteres Beispiel möchte ich eine Messe anführen. Für Unternehmen aus dem Bereich Medizintechnik ist die Messe Medica, zu der sich quasi die gesamte weltweite Branche jeden November in Düsseldorf trifft, eine sehr wichtige Veranstaltung. Viele Messebesucher bereiten sich sorgfältig auf die Veranstaltung vor und nehmen Informationen, Messeneuheiten und Kontaktmöglichkeiten mit besonderem Interesse wahr. Wenn Sie eine tolle Innovation für die Medizintechnik haben und das einfach so ins Netz stellen, wird vermutlich niemand zuhören, es sei denn, Sie heißen Elon Musk. Diese wichtige Veranstaltung ist jedoch allen in der Community bekannt und bietet Ihnen einen Anlass, über Ihre Inhalte zu berichten. Das Gleiche gilt auch für kleinere Veranstaltungen, wie zum Beispiel die Messe FMB Zulieferer Maschinenbau in Bad Oeynhausen oder das Feuerwehrfest um die Ecke, wenn Sie als Mittelständler dort präsent sind und sich lokal vermarkten wollen.

4.3.2 Themenplanung und Redaktionsplan

Nehmen Sie einen Jahreskalender zur Hand und planen Sie die Terminierung der Inhalte. Bringen Sie Ihre Themen möglichst mit wichtigen bzw. interessanten Anlässen in Verbindung (z. B. neue Produkte in Verbindung mit einer Branchenmesse). Die Platzierung von Content ohne einen äußeren Anlass ist schwierig.

Anlässe für Inhalte können sein:

- wichtige Branchenmesse (Inhalte vor, während und nach der Messe)
- neue Gesetzgebung, die die Kundinnen und Kunden betrifft
- wichtiger Projektstart eines Förderprojektes
- Unternehmensjubiläum
- Thementage (der Tag des Wassers ist z. B. jedes Jahr am 22. März, es gibt fast für jedes Thema einen Thementag)
- neue Auszubildende starten im Unternehmen

Für zwei „Extremsituationen" werden hier Vorschläge vorgestellt:

Situation 1: Es gibt sehr wenige Themen und Anlässe für Inhalte
Es können im Minimum sogar zwei Termine im Jahr reichen, um einen Content-Plan zu erstellen. Wenn Sie sehr wenig Ressourcen und/oder Themen haben, versuchen Sie, die Termine möglichst gleichmäßig über das Jahr zu verteilen. Bei zwei Ereignissen wären zum Beispiel Frühjahr und Herbst günstig, damit Sie das ganze Jahr über Themen haben. Um das ganz praktisch zu illustrieren, nehmen wir an, ein Unternehmen geht im April als Aussteller auf die Hannover Messe und im November auf die Medica. Wenn Sie für beide Messen im Content-Bereich Vorberichterstattung, Content zur Messe und eine Nachbetrachtung machen, sind Sie das ganze Jahr mit Content präsent. Wenn Sie z. B. nur auf die Messe „Sensor & Test" im Frühjahr gehen, sollten Sie sich einen Anlass im Herbst überlegen, um ein „Lebenszeichen" von sich zu geben.

Situation 2: Es gibt so viele Themenideen und Anlässe, dass Sie gar nicht alles abbilden können
Priorisieren Sie unbedingt die Anlässe anhand Ihrer Ziele. Welche Anlässe betreffen Ihre Kundinnen und Kunden am meisten (z. B. Änderung in der Gesetzgebung)? Wenn Sie eine Liste mit priorisierten Themen und Anlässen haben, bringen Sie diese Liste mit Ihren Ressourcen in Einklang. Das heißt, Sie streichen Themen und Anlässe, die Sie nicht bedienen können, von hinten von der Liste.

> Der Redaktionsplan sollte über das Jahr „ausgewuchtet" sein, d. h., Themen und Termine sollten nach Möglichkeit gut über das Jahr verteilt sein. Schaffen Sie Prioritäten bei den Anlässen!

Denken Sie daran, Verantwortlichkeiten im Redaktionsplan konkret zuzuweisen, vernünftige Arbeitsschritte zu planen und deren Einhaltung zu überwachen. Sie sollten dieser Aufgabe eine hohe Priorität zuweisen. Der Redaktionsplan entspricht im Prinzip dem Plan in einer Zeitungsredaktion und ist ein Projektplan mit Teilprojekten, Ressourcenzuweisung und Meilensteinen, wie Sie diese auch von anderen Projekten kennen. Bei der Redaktionsplanung geht es konkret darum: Wer stellt wann welchen Content fertig? Wer liest Korrektur? Wer ist für die Freigabe der Inhalte verantwortlich?

Die Content-Produktion ist zumeist der aufwendigste und anstrengendste Schritt. Planen Sie eher zu großzügig als zu knapp, da auch Content-Projekte erfahrungsgemäß oft länger dauern als gedacht. Einen Musterplan können Sie unter https://www.kleinkes.net/docs/checklisten-content-marketing-b2b/ herunterladen.

> Organisieren Sie eine Pinnwand oder ein Poster mit einem Überblick über Themen und den Redaktionsplan, sodass diese für alle sichtbar sind. Hier können alle Mitarbeiterinnen und Mitarbeiter auch fortlaufend Content-Ideen einbringen.

4.4 Vierter Schritt: Die Produktion

Content kann in verschiedenen Formaten erzeugt werden. Abhängig von Ihren Zielen sollten Sie Formate und Inhalte produzieren. Sie wollen als Experte im Markt wahrgenommen werden und Ihre Kundinnen und Kunden haben kein Expertenwissen? Für die sollten Sie komplizierte Dinge einfach darstellen. Es ist immer eine Herausforderung, komplexes Wissen stark zu vereinfachen und trotzdem alles technisch korrekt abzubilden (Abb. 4.3).

> **Kommunikation:** Es ist schwer, sich vorzustellen, etwas nicht zu verstehen. (Goudreau 2018)

Um als Experte oder Expertin auf dem Markt wahrgenommen zu werden, muss ein ausgewogenes Verhältnis von A- und C-Faktoren vorhanden sein (Abb. 4.4). Der A-Faktor beschreibt die Aufmerksamkeit, die Sie mit Ihrem Content erzeugen können, und der C-Faktor beschreibt die

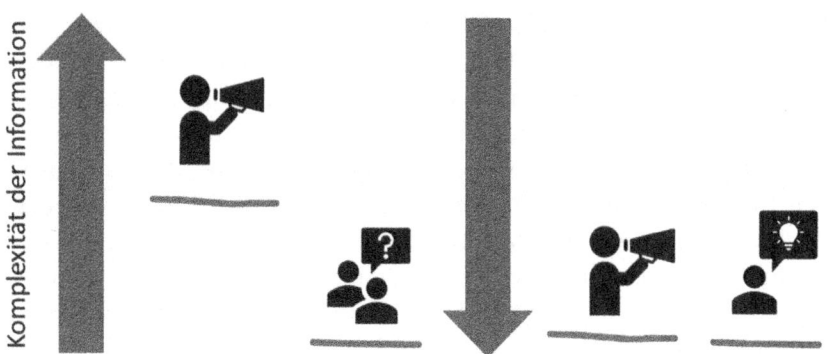

Abb. 4.3 Auf das Niveau der Kundinnen und Kunden stellen

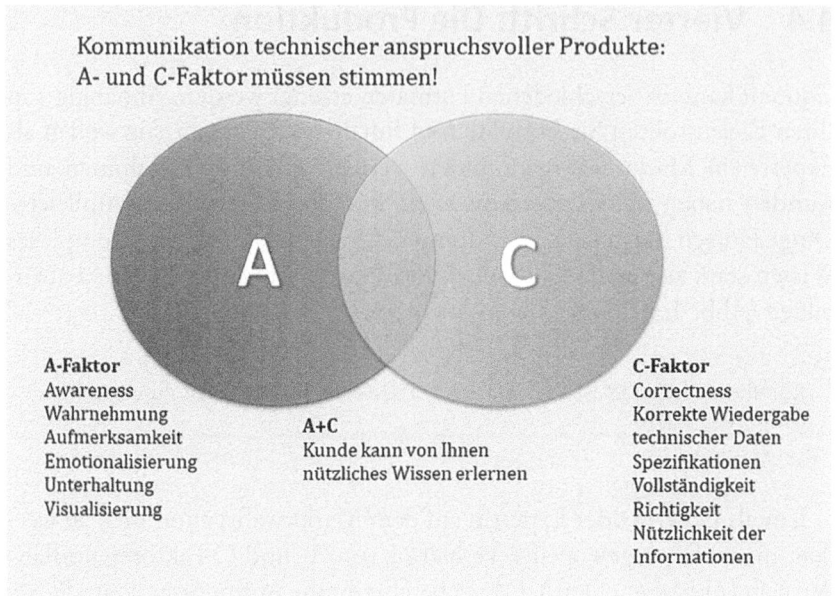

Abb. 4.4 A- und C-Faktoren

technische Richtigkeit des Contents (Correctness). Beides ist nie maximal zu erreichen und Sie werden in der Regel einen tragbaren Kompromiss eingehen müssen. Beim A-Faktor haben Sie entweder eigene Mitarbeiterinnen oder Mitarbeiter für den Bereich Öffentlichkeitsarbeit oder eine Agentur. Beim C-Faktor sollten Ihre eigenen Leute aus dem Ingenieursbereich mithelfen. Ingenieure sind nicht immer motiviert, das zu machen. Das hängt natürlich damit zusammen, dass immer viel zu tun ist und man aus gutem Grund Ingenieur und nicht Marketer geworden ist. Generative KI kann Ihnen hier helfen, effizienter zu arbeiten. Auch eine technisch nicht-versierte Person kann mithilfe generativer KI erstaunlich gute technische Texte für einen ersten Aufschlag erstellen (Kleinkes et al. 2024). Die Fachleute müssen hier auf jeden Fall genau drüber schauen.

In den meisten Formaten kann mittlerweile künstliche Intelligenz eingesetzt werden. Im Folgenden kommen hierzu nur kurze Anmerkungen. Das Thema wird ausführlich in Abschn. 5 behandelt.

4.4.1 Formate für das Content Marketing

Für seinen Content kann man verschiedene Typen wählen. Es gibt sehr viele Formate, unter anderem die in Tab. 4.6.
Vorab sollte man sich überlegen, welchen Zweck man verfolgt. In Abb. 4.5 unten sind einige Punkte aufgeführt. Wenn es darum geht, über

Tab. 4.6 Content-Formate

Format	Anwendung
Texte	Artikel, Whitepaper, Newsletter, E-Book, Studie, Checkliste, Pressemitteilung
Audio	Podcast
Video	Webinar, Erklärvideo, Virtual- und Augmented-Reality-Anwendung, Bedienungsanleitung
Grafik	Infografik
Foto	Foto-Story, Erklärung, Bedienungsanleitung

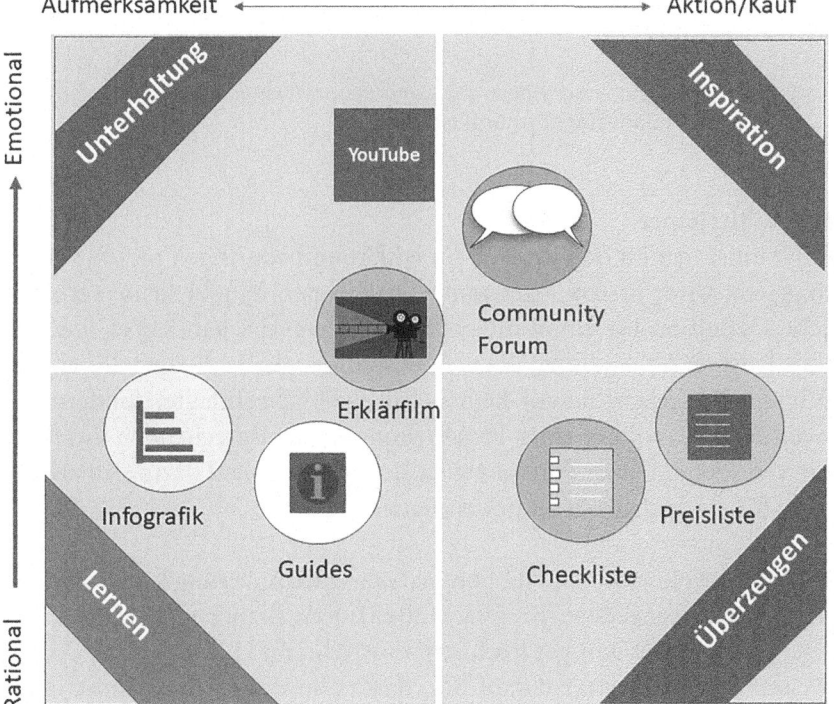

Abb. 4.5 Formate und Funktionen in Anlehnung an SmartInsights

Emotionen Aufmerksamkeit zu erzeugen, kann ein Video hilfreich sein. Wenn es aber darum geht, sachlich vom Kauf zu überzeugen, kann das Format „Checkliste" nützlich sein. Machen Sie sich anhand der Grafik die verschiedenen Funktionen der Formate klar und entscheiden Sie sich dann für ein Format.

Das vermeintlich einfachste Format ist ein themenbezogener Artikel, weil Sie im Prinzip nur den PC zum Schreiben brauchen. Texte sind generell wichtig, um bei komplexeren Anfragen von Suchmaschinen wie Google gefunden zu werden. Bei der Google-Suche „Was ist das beste Content-Format?" tauchte am 17.05.2024 nur Text auf. Bei der Frage „Wie wechsle ich einen Autoreifen?" kommen auch Erklärvideos.

> Wenn Sie erklärungsbedürftige Produkte und Dienstleistungen haben, werden Sie auf jeden Fall einen Grundstock an geeigneten Texten und/oder Videos anlegen müssen, um im Netz gefunden zu werden.

> Generell gilt: Fotos und Videos sind kein dekorativer Schmuck und sollten den Content mindestens gut unterstützen.

Das Whitepaper

Ein Format, das im Bereich B2B für erklärungsbedürftige Produkte gerne eingesetzt wird, ist das sogenannte Whitepaper. Es gibt keine verbindliche Definition für ein Whitepaper. In jedem Fall handelt es sich um eine längere Abhandlung über eine technologische Fragestellung. Im Whitepaper stellen Sie auf keinen Fall werbliche Inhalte, sondern die sachliche Behandlung einer Fragestellung mit entsprechenden Grafiken zur Verfügung. Dieses Format eignet sich hervorragend dazu, sich als Experte für ein Fachgebiet zu präsentieren.

Lindsay Kolowich von HubSpot hat eine gute Anleitung für ein Whitepaper zusammengefasst (Kolowich 2018). Jede Branche hat hierbei ihre eigenen Regeln. Wichtiger Rechtstipp von Miriam Löffler (Löffler 2016): Weisen Sie Ihre Nutzer darauf hin, dass es ausdrücklich erwünscht ist, dass das Whitepaper weiterverbreitet wird. Generell ist es bei Inhalten, die von Usern geteilt und damit weiterverbreitet werden, wichtig, die Angst vor Urheberrechtsverletzungen zu nehmen.

Die Checkliste
Checklisten sind oft sehr beliebt, weil sie schnelle Hilfestellung bieten, sehr nützlich sind und einfach zu lesen sein sollten.

Video und Foto
Bilder und Videos können den Betrachter schneller und einfacher emotionalisieren als Texte, und selbstproduzierte Fotos wirken authentischer als Stockfotos. Auch hier gilt, dass möglichst professionell produzierte Fotos verwendet werden sollten. Fotos und Videos von Menschen aus dem Unternehmen selbst oder von Referenzprojekten erhöhen die Glaubwürdigkeit.

Beim Thema Video kann der Aufwand für ein professionell erzeugtes Video deutlich größer sein, sowohl vom personellen als auch vom finanziellen Aufwand her. Ein Video, das von einer Agentur professionell erstellt wurde, kann einen mittleren vierstelligen Betrag kosten, gerne auch mehr. Videos haben den Vorteil, dass man zum Beispiel durch geeignete Erklärvideos Inhalte und Konzepte gut darstellen kann, ohne immer alles übersetzen zu müssen (explainity GmbH 2014).

Für die Produktion eines Videos eignet sich zum Beispiel ein kurzes Storyboard, wie es das Unternehmen Bioni System erstellt (Abb. 4.6). Hier wird Szene für Szene dargelegt, was wie gefilmt wird. Vorlagen für Storyboards finden Sie im Netz, zum Beispiel bei Canva (https://www.canva.com/de_de/storyboards/vorlagen/).

Wenn Sie Ihre Produkte und Dienstleistungen mit Kreativität und Hingabe gestalten, sollte das in Ihrem Content erkennbar sein. Es geht nicht um Filme mit Disney-Qualität. Neben der Qualität zählt auch die Authentizität, d. h., für ein KMU wäre ein „zu perfektes Video" mit original eingespielter Orchestermusik vermutlich zu viel des Guten. Ein Geschäftsführer, der darüber spricht, was ihn antreibt, ist hingegen z. B. ein gutes Thema für ein Startvideo eines YouTube-Kanals.

Sie können auch Foto- oder Video-Material aus dem Internet nutzen. Es gibt kostenfrei Bilder zum Beispiel bei www.pixaby.de, www.unsplash.com

STORYBOARD
BIONI® SYSTEM GmbH - Unternehmensfilm

in Kooperation mit dem
Lehrstuhl TECHNOLOGIEMARKETING
der Hochschule Hamm-Lippstadt

Kurzbeschreibung:

Filmstart mit Unternehmenslogo und Subclaim (animiert und mit Musik)

Szene Nr.:	1	Wer/Was ?
Titel:	Logo und Subclaim	1. (Animiertes) Logo mit Subclaim als „Opener"
Dauer:	ca. 10 Sekunden	
Gesamt:	10 s	

Abb. 4.6 Storyboard für das Video von Bioni System

oder www.wikipedia.de. Sie sollten bei der Verwendung unbedingt auf die Lizenzbedingungen achten. Hierbei geht es darum, ob man die Bilder oder Videos für kommerzielle Zwecke nutzen darf, ob sie verändert werden dürfen und wie die Quelle angegeben werden soll. Weiterhin gibt es natürlich auch Material von Anbietern von Stockfotos gegen Bezahlung. Viele Bilder und Videos aus dem Netz haben den Vorteil, dass sie oft professionell produziert sind. Allerdings haben sie auch den Nachteil, dass sie von allen genutzt werden und dann wenig authentisch wirken können. KI-Bildgeneratoren, wie Adobe-Firefly, Dall-E oder andere kann man unter Umständen auch nutzen. Man sollte aber angeben, dass hier KI-generierte Bilder erzeugt wurden.

4.4.2 Texten fürs Web

Texte sind besonders wichtig für das Google-Ranking. Die Herausforderungen an einen guten Text im Sinne des Content Marketings werden

4 Content Marketing machen

leider oftmals unterschätzt. Gute Texte sorgen dafür, dass Sie im Ranking weiter oben landen, Ihre Inhalte tatsächlich beachtet werden, und sie lösen bei Ihren Kundinnen und Kunden Handlungen aus – möglichst einen Anruf bei Ihrem Vertrieb. Schlechte Texte bewirken das Gegenteil. Wenn Sie keine geeigneten Mitarbeiterinnen oder Mitarbeiter im Unternehmen haben, sollten Sie sich von einer Agentur unterstützen lassen und perspektivisch eigene Mitarbeiter für diese Tätigkeit ausbilden oder einstellen.

Der Text sollte Fragen beantworten, die User im Netz stellen. Für die Google-Suche „Wie schreibe ich ein Whitepaper?" bekommt man beispielsweise das Ergebnis in Abb. 4.7. Welche Fragen stellen Ihre (poten-

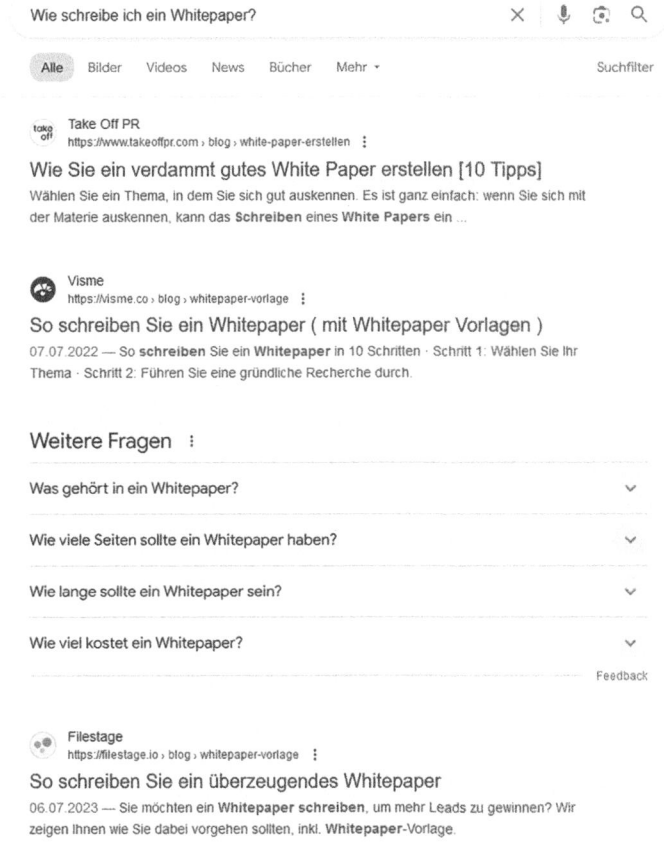

Abb. 4.7 Google-Suche für „Wie schreibe ich ein Whitepaper?"

ziellen) Kundinnen und Kunden im Netz? Sie kennen vermutlich bereits die Fragen Ihrer Kunden. Sie können aber auch weitere Fragen und Suchwörter im Netz herausfinden. Vorgehensweisen und Tools dazu werden in Abschn. 4.4.4 besprochen.

Außerdem sollte Ihr Text folgende Qualitätsfaktoren nach Löffler (Löffler 2016) erfüllen:

- Er ist aktuell (wie oft aktualisieren Sie Ihre Website?),
- nimmt die Perspektive des Zielpublikums ein,
- liest sich leicht (z. B. durch grafische Gestaltung und ergänzende Bildelemente),
- löst eine Handlung bei den Lesern aus (z. B. Kontaktaufnahme) und
- das Wichtigste kommt an den Anfang.

4.4.3 Suchmaschinenoptimierung (SEO)

Die Themen Content Marketing und Suchmaschinenoptimierung (SEO) sind eng miteinander verzahnt. In der westlichen Welt ist bisher Google die wichtigste Suchmaschine. Für Google ist guter Content eine wichtige Vorbedingung für ein gutes Ranking. Es gibt einige grundsätzliche Hinweise von Google selbst, die man unbedingt beachten sollte (Google 2019). Ein wichtiger Hinweis: Durch die Generative KI kann sich die SEO grundlegend ändern (Bomke et al. 2024). Das ist eine sehr dynamische Entwicklung und bei der Drucklegung des Buches galten im Wesentlichen noch die Werte aus der altbekannten Google-Welt. Deshalb werden sie hier ausführlicher besprochen. Social-Media-Netzwerke, wie TikTok, Plattformen wie zum Beispiel Amazon oder KI-Suchmaschinen, wie zum Beispiel Perplexity (s. Abb. 5.3) haben in der letzten Zeit signifikant an Bedeutung gewonnen (Weiß 2024).

> Bei der Erzeugung von Medien für das Internet haben Sie immer zwei Zielgruppen: die Suchmaschine und die Nutzerinnen und Nutzer.

Rund um Google hat sich eine ganze Industrie angesiedelt, die Ihnen eine Optimierung der Webseiten verspricht, ohne dass man dort wirklich genau im Detail weiß, wie Google das Ranking gestaltet, da die Algorithmen hierzu nicht offengelegt werden.

Sie werden aber oft um eine SEO-Beratung durch eine Agentur nicht herumkommen. Das gilt nicht zuletzt deshalb, weil sich viele Randbedingungen schnell ändern können. Ich hatte einen meiner Alumni, der jetzt im SEA-Business ist, nach aktueller Literatur gefragt. Dieser hat abgewunken, da es sich eigentlich nicht lohne SEO-Bücher zu kaufen, weil sich vieles so schnell ändere. Einige Basics bleiben aber – hoffentlich – und dieses Kapitel soll Ihnen bezogen auf das Thema Content Marketing helfen, mit einer entsprechenden Agentur zu kommunizieren.

Es gibt einfache Stellschrauben, um mit Content erfolgreicher beim SEO zu sein. Diese einfachen Stellschrauben sind im Site-Check abgefragt (Abschn. 4.2.1) und Sie können sie selbst bedienen (SEO-Freundlichkeit). Es gibt kostenfreie Unterstützungsangebote, wie zum Beispiel das E-Book „So steigerst Du Deinen SEO-Traffic in nur 30 Tagen" (Rohr 2019). Wer diese Angebote einmal selbst durcharbeitet, kennt dann die einfachen Stellschrauben und kann besser mit einer Agentur arbeiten, weil die Basics bekannt sind.

Bei der Frage „Wie wechsle ich einen Autoreifen?" ist auch die Art des Contents relevant für das Suchergebnis. Während bei der Frage „Wie schreibe ich ein Whitepaper?" nur Texte gelistet werden, gibt es beim Autoreifen ganz oben ein „Featured Snippet" von Google. Das ist ein hervorgehobener, kompakter Erklärtext, der zu einem Reifenhändler führt. Dann folgen Erklärvideos. Alle anderen Texte kommen danach und werden vermutlich weniger beachtet. Bei diesem Thema haben Sie wie der Anbieter an Position 0 (Snippet) einen Erklärtext, den Google extrem gut findet und/oder ein Video. Überlegen Sie, welches Format für die Suchanfrage Ihrer Kundinnen und Kunden am besten passen kann.

> Testen Sie regelmäßig, ob Sie bei Google auf der ersten Suchseite gefunden werden. Testen sie auch, ob Sie von relevanten KI-Suchmaschinen, wie z. B. Perplexity gefunden werden.

Das entscheidende Kriterium für den Erfolg ist aktuell das Ranking bei Google. Wenn Sie mit einer SEO-Agentur zusammenarbeiten wollen, lassen Sie sich Referenzen zeigen. Wenn das Ranking durch die Agentur nicht besser wird, sollten Sie den Anbieter wechseln. Falls sich beim Thema SEO Entwicklungen in Richtung KI-Suchmaschine ergeben, sollte ihre Agentur Ideen haben, wie man hier die Sichtbarkeit verbessert.

4.4.4 Keywords sind der Schlüssel zum Erfolg

> Ein Keyword ist ein Schlüsselwort, ein Begriffspaar, eine Aneinanderreihung von Wörtern oder eine konkrete Frage, die von Kundinnen und Kunden mit einem bestimmten Thema verbunden werden. Das Keyword wird bei der Suche mit Google oder anderen Suchmaschinen eingesetzt.

Sie nutzen beispielsweise Keywords, wenn Sie nach Produkten oder Dienstleistungen Ihrer Zulieferer suchen. Wenn Ihr Zulieferer im Netz gefunden werden will, sollte er wissen, mit welchen Begriffen, Wortkombinationen oder Sätzen Sie nach Produkten und Dienstleistungen suchen. Und Sie sollten wissen, welche Keywords Ihre Kundinnen und Kunden einsetzen.

Setzen Sie für verschiedene Unterseiten Ihres Internetauftrittes sogenannte Haupt-Keywords ein. Dieses Haupt-Keyword ist ein Begriff, der im Meta-Title, in der Meta-Description und in den Hauptüberschriften (<h1>) vorkommen sollte. Das bedeutet: Wenn Sie Dreh- und Fräsarbeiten anbieten, sollten auf der Internetseite für „Drehen" nur Keywords zu diesem Thema stehen und auf der Unterseite „Fräsen" nur Keywords zum Fräsen.

Kundinnen und Kunden haben unterschiedliche Bedürfnisse bei Anfragen. „Wie teuer sind Winterreifen von Continental 205/R15?" ist ein **transaktionales Keyword.** Der Kunde weiß eigentlich schon, was er kaufen will. Er oder sie interessiert sich nur dafür, wo das Produkt zu welchem Preis zu bekommen und ob es schnell verfügbar ist. Entscheiden Sie für Ihre Produkte und Dienstleistungen, ob Sie mit Content für diese Art von Keywords wahrgenommen werden wollen. In stark umkämpften und preisgetriebenen Märkten können sich Einkäuferinnen und Einkäufer darüber sehr schnell einen Überblick verschaffen.

„Winterreifen Qualität Test" ist ein **informationelles Keyword**. Kundinnen und Kunden suchen vor einer Kaufentscheidung Informationen, um eine Entscheidung sachgemäß vorzubereiten und evtl. mit dem Anbieter Kontakt aufzunehmen. Wenn Sie über eine Keyword-Recherche herausbekommen, welche Fragen Kundinnen und Kunden stellen und welche Probleme sie haben, können Sie Ihren Internetauftritt im Prinzip rund um diese Fragen mit entsprechenden Keywords aufbauen – gemäß dem Grundsatz: Der Kunde interessiert sich nicht für Sie und Ihre Produkte, der Kunde interessiert sich nur für sich selbst (s. Pulizzi in Abschn. 1.3).

Die Keywords für die Internetseite stehen an verschiedenen Stellen Ihrer Website:

- in den HTML-Metadaten (Meta-Tags) für „Keywords", Seitentitel und Seitenbeschreibung. Der Seitentitel (Title Tag) steht oben auf der Seite (Haupt-Keyword), die Seitenbeschreibung wird bei den Suchergebnissen von Google angezeigt.
- in den Überschriften der Texte (Haupt-Keyword)
- im Text selbst (Shorthead, Mid-Tail und Longtail Keywords, Tab. 4.7)
- in den sogenannten „Alternativen Bildtexten" zur Bildbeschreibung

Wenn Sie Website-Baukastensysteme wie Jimdo, Wixx oder auch WordPress nutzen, können Sie das in der Regel selbst eingeben. In der Regel erhalten Sie von diesen Anbietern auch Hinweise, wie Sie Keywords konkret auf Ihrer Website bearbeiten. Wenn eine Agentur die Internetseite komplett betreut, sollte man überprüfen, ob das gut bearbeitet ist.

Tab. 4.7 Keywords

Name	Länge	Beispiel	Konkurrenz	Conversion
Shorthead	1 Wort	Schlauch	hoch	niedrig
Mid-Tail	2–4 Wörter	Feuerfester Schlauch	mittel	mittel
Long-Tail	mehr als 4 Wörter	Feuerfeste Schläuche für den Einsatz im Chemiewerk	niedrig	hoch

In Anlehnung an (Hillebrandt 2019)

Wie finden Sie nun die richtigen Keywords? Mit den folgenden Methoden erstellen Sie eine Liste von Keywords für Ihre Website bzw. für alle Unterseiten mit den spezifischen Themen wie z. B. Drehen oder Fräsen.

Brainstorming im eigenen Unternehmen
Überlegen Sie im eigenen Unternehmen, nach welchen Begriffen Ihre Kundinnen und Kunden suchen, worüber Sie in Ihrer Branche sprechen, wenn es um ein bestimmtes Produkt bzw. eine bestimmte Dienstleistung von Ihnen geht.

Google-Sucheingabe autovervollständigen
Google bietet bei der Begriffseingabe dazu passende beliebte Suchbegriffe. Wenn Sie zum Beispiel den Begriff „feuerfeste Schläuche" eingeben, dann erhalten Sie mit Rechtsklick im Suchfeld folgende Vorschläge für weitere Suchbegriffe (Abb. 4.8).

Wettbewerber analysieren
Es gibt Möglichkeiten, die Keywords von Internetseiten Ihrer Wettbewerber zu analysieren. Programme wie Sistrix oder XOVI können Google-AdWords-Kampagnen der Konkurrenz auswerten. Das ist etwas für SEO-Fachleute innerhalb oder außerhalb des eigenen Unternehmens.

W-Fragen analysieren
Plattformen wie answerthepublic.com, w-fragen-tool.com und andere bieten die Möglichkeit, die Suche der Kundinnen und Kunden zu einem Thema nach W-Fragen zu analysieren. W-Fragen sind offene Fragen: „Wie kann man gute Keywords finden?", „Wo kann ich in Rheinhessen feuerfeste Schläuche kaufen?", „Warum sind Winterreifen auf Schnee besser?" und so weiter. Auf der Seite w-fragen-tool. de sind weitere Beispiele aufgeführt. Wenn Sie diese Fragen aufgreifen und rund um solche relevanten Fragen entsprechende Antworten als Content beisteuern, können Sie Ihre Texte für das Google-Ranking aufwerten.

4 Content Marketing machen

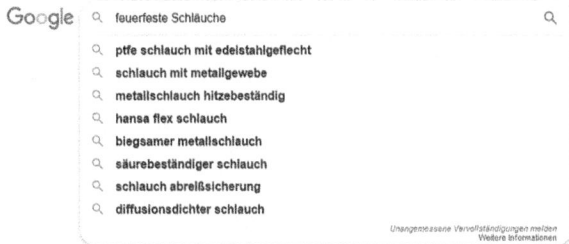

Abb. 4.8 Google-Suche: „feuerfeste Schläuche"

wo Bielefeld	wo bielefeld
	bielefeld wo liegt das
	bielefeld wo wohnen
	bielefeld wo essen
	bielefeld wo kostenlos parken
	wo ist bielefeld in deutschland
	wo spielt bielefeld
	wo liegt bielefeld bundesland
	wo liegt bielefeld karte
	wo wird bielefeld heute übertragen
wieso Bielefeld	wieso bielefelder alm
	wieso existiert bielefeld nicht
	wieso sagt man bielefeld gibt es nicht
weshalb Bielefeld	weshalb gibt es bielefeld nicht
warum Bielefeld	warum bielefeld die stadt die es nicht gibt
	warum bielefelder alm

Abb. 4.9 W-Fragen-Tool mit dem Begriff Bielefeld

Wer zum Beispiel Stadtmarketing für die Stadt Bielefeld macht, könnte bei w-fragen-tool.com den Begriff „Bielefeld" eingeben und bekommt folgende Ergebnisse zur Frage „Wo" (Abb. 4.9):

Anscheinend wissen viele User nicht, wo Bielefeld überhaupt liegt. Wenn das Stadtmarketing diese Frage aufgreift oder die Frage „Wo kann man parken?" aufnimmt und beantwortet oder der Frage „Wo ist in

Bielefeld etwas los?" nachgeht, wird man im Ranking weiterkommen. Wenn Sie mit der Methode Fragen Ihrer Kundinnen und Kunden aufgreifen und gleichzeitig Antworten parat haben, werden Sie von Ihren Kundinnen und Kunden im Netz gefunden.

Generative KI nutzen
Sie können Ihre Internettexte in ein Programm wie Gemini, ChatGPT, Claude oder Perplexity eingeben und sich Keywords erzeugen lassen. Sie dürfen aber die Ausgaben generativer KI nicht unkontrolliert übernehmen.

Von Shorthead zu Long Tail: Allgemeine und spezifische Keywords
Man kann durch die Anzahl der genutzten Begriffe das Keyword allgemein halten oder stark spezifizieren (Tab. 4.7). Kurze, unspezifische Keywords sind hart umkämpft und sorgen dann im schlechtesten Fall für wenig Conversions. Ihre Haupt- bzw. Fokus-Keywords sind in der Regel auch Shorthead Keywords. Long Tail Keywords bestehen aus mehreren Wörtern, haben oft weniger Konkurrenz und können mehr Conversions bieten.

4.4.5 Die richtigen Kanäle für das Content Marketing

Wie bereits aufgeführt, ist Ihre Website der wichtigste Kanal für Ihren Content, weil Sie hier alles selbst in der Hand haben. Bei der Website geht es darum, von der Suchmaschine gefunden zu werden. Im Bereich Social Media kann man Beiträge, Bilder, Videos und vieles mehr aktiv auf dem Kanal senden und sich zudem eine feste „Hörerschaft" aufbauen.

Eine gute Strategie kann sein, dass man dazu sehr gezielt wenige, ausgewählte Social-Media-Kanäle bespielt. Das ist oftmals besser, als sich in zu vielen Kanälen zu verzetteln. Jede Branche ist in den sozialen Netzwerken anders unterwegs. Studien, die generell über die Nutzung von Social-Media-Kanälen im B2B-Bereich berichten, sind nur relevant, wenn sie sich auf eine definierte Branche beziehen. Einfach einen Kanal aufzumachen, nur weil man das Gefühl hat, das sei jetzt modern, ist keine gute Idee. Sie werden schnell merken, wie aufwendig es ist, einen Kanal in guter Qualität regelmäßig zu bespielen.

Recherchieren Sie, auf welchen Social-Media-Kanälen Ihre Kundinnen und Kunden unterwegs sind. Gute Hinweise geben hier auch die Aktivitäten des Wettbewerbs. Notieren Sie diese Ergebnisse möglichst in einem CRM-System, damit Sie schnell einen Überblick gewinnen können.

Sie sollten mindestens einmal im Jahr überprüfen, ob die von Ihnen gewählten Social-Media-Kanäle weiterhin für Ihre Zielgruppen relevant sind. Nehmen Sie das Thema in Ihren Content-Site-Check mit auf. In Abschn. 4.5.3 werden wir etwas genauer darauf eingehen, wie man den Erfolg auf Social-Media-Kanälen messen kann. Die Checkliste für einen Content-Kanal (Tab. 4.8) hilft Ihnen bei der Entscheidung für oder gegen einen Social-Media-Kanal. Im Beispiel unten ist LinkedIn an-

Tab. 4.8 Checkliste für Content-Kanal

1. Sind meine Kundinnen und Kunden auf diesem Kanal vertreten?	☐ fast alle ☐ etwa die Hälfte ☐ fast keiner (hier ist für den betrachteten Kanal dann die Auswertung zu Ende)
2. Kann sich jemand im Unternehmen oder in einer Agentur um die Bespielung des Kanals qualifiziert kümmern?	☐ ja ☐ nein, ist aber das strategische Ziel; viele Kundinnen und Kunden sind auf dem Kanal und Ressourcen werden geschaffen ☐ nein, schaffen wir nicht (hier ist für den betrachteten Kanal dann die Auswertung zu Ende)
3. Kann ich genug Content produzieren? (z. B. einmal pro Woche für LinkedIn, täglich für TikTok oder einmal im Monat für YouTube)	☐ ja ☐ nein, ist aber das strategische Ziel; viele Kundinnen und Kunden sind auf dem Kanal und Ressourcen werden geschaffen ☐ nein, schaffen wir nicht (hier ist für den betrachteten Kanal dann die Auswertung zu Ende)
4. Habe ich geeigneten Content für den Kanal? (z. B. Fotos für Instagram)	☐ ja ☐ nein, kann aber produziert werden ☐ nein, bekommen wir nur mit viel Aufwand hin
5. Habe ich geeignete Formate für diesen Kanal? (z. B. Videos für YouTube).	☐ ja ☐ nein, kann aber produziert werden ☐ nein, bekommen wir nur mit viel Aufwand hin

gegeben. Sie können unter https://www.kleinkes.net/docs/checklisten-content-marketing-b2b/ eine Muster-Checkliste downloaden und dort beliebige Kanäle hineinladen, die Checkliste erweitern u. v. m.

Die Checkliste nutzen Sie wie folgt: Notieren Sie die für Sie relevanten Kanäle und checken Sie diese hier durch. Wenn Sie bei 1. „fast keiner" oder bei 2. mit „nein" antworten, lassen Sie den Kanal weg. Wenn bei 1. und 2. die oberen beiden Kästchen angekreuzt wurden und Sie nach reiflicher Überlegung zu dem Schluss gekommen sind, den Kanal nutzen zu wollen, formulieren Sie die Ergebnisse in der Checkliste in Tab. 4.2 und Tab. 4.3.

4.5 Fünfter Schritt: Das Management

Beim Content Management geht es darum, die Erstellung der Inhalte zu überwachen, die erstellten Inhalte geplant zu verbreiten und die Ergebnisse Ihrer Aktivitäten zu messen. Im Bereich des Managements bringen Sie nicht zuletzt über geeignete Kanäle und Formate Ihren Content an Ihre Kundinnen und Kunden. Management und Analyse (Schritt 5 und Schritt 2) gehen ineinander über. Die Kontrolle der Maßnahmen sollte nicht nur beim jährlichen Site-Check, sondern möglichst regelmäßig stattfinden.

Beim Management sollte ein Redaktionsplan folgende Fragen beantworten und zugleich Prozesse festlegen:

- Wer ist verantwortlich dafür, dass Content vorhanden ist?
- Wer macht die Endabnahme bezüglich Qualität und einer etwaigen Gefährdung von Schutzrechten (z. B. Patente bei frühzeitiger Veröffentlichung, Checks von NDAs mit Partnern)?
- Wie ist die Archivierung von Texten, Bildern und Videos organisiert?
- Welche Analyseprozesse (z. B. SEO) sind wichtig? Wer sammelt und überprüft die Daten?
- Wer sorgt dafür, dass die Inhalte in relevante Kanäle eingespeist werden?
- Wer gibt Content zur Veröffentlichung frei?
- Wer kontrolliert die KPI?

Für das Management der Inhalte auf den eigenen Webseiten sind Content-Management-Systeme hilfreich. Für das Bespielen von Social-Media-Kanälen kann auch Software eingesetzt werden, die zum Beispiel mehrere Social-Media-Kanäle verwalten kann.

4.5.1 Die Zweitverwertung

Content, den man im Schweiße seines Angesichts bereits erstellt hat, kann man geschickt weiterverwerten.
Überlegen Sie, wie man z. B. ein aufwendig erzeugtes Whitepaper durch eine Auswahl von kurzen Teasern auf anderen Kanälen, wie etwa LinkedIn oder TikTok, verwenden kann. Mit geeigneten Marketing Automation Tools kann man so den Content sehr effizient auf mehreren Kanälen ausspielen.

4.5.2 Gated Content

Bei bestimmten Medien, wie zum Beispiel einem Whitepaper, bietet es sich an, im Gegenzug für die Bereitstellung des Papers die Daten der Interessenten zu verlangen. So etwas nennt man „Gated Content". Im besten Fall schafft man es, dass Kundinnen und Kunden sowie Interessierte (Leads) sich mit einem Account anmelden. In dem Fall kann man das Verhalten von Kunden und Leads detailliert auswerten und so Rückschlüsse auf Kauf- oder Produktwünsche ziehen.

> **Gated Content**
>
> Der Content ist „eingezäunt" bzw. nur nach Anmeldung mit Namen und Passwort erreichbar. Unternehmen können hier unter anderem kundenspezifischen Content zur Verfügung stellen.

Ob und wie Sie Gated Content einführen, sollten Sie sich gut überlegen. Es ist für B2B-Unternehmen oftmals die einzige Möglichkeit, digitale Kundendaten systematisch auszuwerten. Wenn Sie auf Ihrer Internetseite einen Besucher von BWM oder Tata Steel haben, werden Sie nur die IP-Adresse wahrnehmen. Gated Content liefert Ihnen Namen, E-Mail-Adressen und Surfverhalten. Voraussetzung hierfür ist, dass Ihr Content so wertvoll ist, dass Interessenten diese Daten im Gegenzug gern hergeben (Hillebrandt 2019).

In der folgenden Tabelle sind Vor- und Nachteile von Gated Content aufgeführt (Tab. 4.9). Gated Content führt auf jeden Fall zu mehr Aufwand. Wenn ein Kunde z. B. sein Passwort vergisst, sollte er im Handumdrehen ein neues erhalten. Auch das Management von Kundendaten sollte bedacht werden. Das ist sogar für Unternehmen wie Facebook manchmal keine leichte Aufgabe, wie der Fall zeigte, als Facebook zahlreiche Passwörter nicht korrekt gespeichert hatte (Holland 2019). Es ist auch ein No-Go, jemanden, der gerade einen Account für Ihren Content angelegt hat, direkt vom Vertrieb anrufen zu lassen: „Wie können wir helfen?". Beim Inbound Marketing melden sich die Kundinnen und Kunden bei Ihnen, wenn sie etwas wollen. Sie weisen ihnen nur den Weg.

Zusammengefasst kann man sagen, dass Ungated Content zu mehr Aufmerksamkeit und Gated Content zu qualifizierteren Leads führt. Ein Ausweg aus diesem Dilemma könnte sein, den Content „ungated" anzuteasern, um dann die vollständige Information im Tausch gegen Daten freizugeben.

Tab. 4.9 Vor- und Nachteile von Ungated und Gate Content

Ungated Content	Gated Content
Kein Management, weniger Ressourcenaufwand	Muss gemanagt werden (Passwörter, DSGVO-konforme Anmeldung, Datenspeicherung)
Keine spezifische Auswertung von Kundenverhalten möglich	Oftmals einzige Möglichkeit für B2B-Unternehmen, Kundenverhalten digital zu analysieren, direkte Lead-Qualifikation
Content leicht zugänglich	Account muss angelegt werden (Barriere)
SEO-aktiv: nur frei zugängliche Inhalte verbessern das Ranking	Weniger, aber dafür besser qualifizierte Leads
Teilbarkeit: Nur frei zugängliche Medien können geteilt werden	„Virale" Effekte sind eingeschränkt

Bei allen Vorteilen, die die Auswertung von kundenbezogenen Daten bringen, machen Sie sich bitte rechtzeitig Gedanken zum Thema Datenverarbeitung und Datenschutz. Hierbei sind Vorschriften zu beachten, wie sie zum Beispiel die Datenschutzgrundverordnung (DSGVO) der EU fordert. Informationen hierzu bietet Ihnen zum Beispiel die IHK Essen https://www.essen.ihk24.de/recht_und_steuern/datenschutz/ checkliste-fuer-unternehmen/3897516.

4.5.3 Erfolg messen – KPI für das Content Marketing

Beim Content Controlling wollen Sie den Erfolg von Zielen mit Key Perfomance Indicators (KPI) messen. Diese Leistungskennzahlen messen den Erfolg Ihrer Maßnahmen und das Erreichen der Ziele, die Sie in Abschn. 4.1 festgelegt haben. An dieser Stelle sollten Sie Ihre Ziele quantifizieren. Versuchen Sie, mit einfach nachzuvollziehenden KPIs zu starten.

Ranking Ihrer Unternehmens-Website bei Google
Zusammen mit anderen Maßnahmen (Rohr 2019) zur Verbesserung des Web-Rankings wird gutes Content Marketing dabei helfen, sich im Ranking gegenüber den Wettbewerbern im Markt zu verbessern. Überprüfen Sie Ihr Ranking regelmäßig.

> Ziel könnte sein: Wir stehen am Ende des Jahres bei den wichtigsten Haupt-Keywords vor mindestens zweien unserer Wettbewerber im Google-Ranking.

Anzahl der Follower/Reaktionen auf Social-Media-Kanälen
Sie sind zum Beispiel durch den Vergleich mit einem Wettbewerber beim Site-Check auf die Idee gekommen, Instagram als Social-Media-Kanal zu bespielen. Messen Sie, ob Ihnen Kundinnen und Kunden folgen, setzen Sie sich Ziele für die Zahl der Follower und Reaktionen. Sollte das Ergebnis unbefriedigend sein, schließen Sie den Kanal unter Umständen wieder. Sie können auch überlegen, was Ihr Wettbewerber besser macht und Ihren eigenen Auftritt optimieren.

> Überlegen Sie sich anhand Ihrer Marktgröße, der Zahl Ihrer Kundinnen und Kunden und der Follower-Zahl Ihres Wettbewerbs eine Zielzahl von Followern für die nächsten zwölf Monate.

Abruf/Download von (Gated) Content
Wenn jede Website und jede digitale Marketing-Aktion ein CTA-Element haben, dann sollte der Call-to-Action (Aufruf zum Handeln) möglichst auch gemessen werden. Wenn Sie zum Beispiel ein Whitepaper mit viel Mühe zusammengestellt haben, sollten Sie messen, welche Resonanz dieses Dokument bei Ihren Kundinnen und Kunden findet.

> Messen Sie anhand von Zahlen für den Zugriff auf eine Seite, ob der angebotene Content nachgefragt wird. So können Sie feststellen, ob sich niemand für den angebotenen Inhalt interessiert oder dass der Content ein echter Hit ist. Es können sich auch „alte Schätzchen" zu echten Dauerbrennern entwickeln. Diese kann man auch für die Zweitverwertung gut nutzen und noch einmal posten.

Im Online-Marketing ist die Bandbreite von KPIs extrem groß (Ahrholdt et al. 2019). Der Bundesverband Digitale Wirtschaft (BVDW) e. V. hat Vorschläge für KPIs für verschiedene Anwendungen gemacht (Bundesverband Digitale Wirtschaft (BVDW) e.V. 2018c). Der BVDW sieht drei große Bereiche für KPIs (Bundesverband Digitale Wirtschaft (BVDW) e. V. 2018b):

- Reichweite
- Interaktion
- Conversion und Kosten (für Anzeigen bzw. Klicks)

Bei der **Reichweite** geht es um eine gute Sichtbarkeit. Viele Leads/Kunden sollen die Seite finden und besuchen. Sie können messen, ob Ihre Keywords sowie weitere SEO-Maßnahmen, Ihre Aktivitäten zur Steigerung der Bekanntheit Ihrer Marke und Website sowie Ihre Social-Media-Kanäle funktionieren.

Bei der **Interaktion** wird z. B. gemessen, wie lange User auf der Seite waren und wie oft sie die Inhalte geteilt haben.

Bei **Conversion & Kosten** zählen Sie nach, wie viele User dauerhaft bleiben, d. h. sich als Follower eintragen oder E-Mail-Newsletter abonnieren. Falls Sie im Netz Geld für die Bewerbung Ihres Contents ausgeben (s. a. Abschn. 2.3), können Sie messen, was der Einsatz gebracht hat.

4.5.4 Gehe wieder auf Los!

Die Ergebnisse Ihres Controllings sind wieder der Startpunkt für die Analyse in Abschn. 4.2. Mit jedem Zyklus von Analyse, Planung, Produktion und Management/Controlling werden Sie mehr Erfahrungen sammeln. Sie können jetzt Ziele besser abschätzen, wissen, auf welchen Content Kundinnen und Kunden gut reagieren, und können Content in die richtigen Kanäle steuern. Praxisbeispiele, wie Unternehmen und Netzwerke das machen, finden Sie in Kap. 6.

> **Ihr Transfer in die Praxis**
> - Folgen Sie dem Erfolgspfad von Schritt 1 bis Schritt 5.
> - Legen Sie Ziele für Ihre Contentaktivitäten fest.
> - Analysieren Sie allen vorhandenen Content.
> - Planen Sie Inhalte und Zeitpunkte für deren Veröffentlichung in einem Redaktionsplan.
> - Produzieren Sie in den für Sie und Ihre Kundinnen und Kunden geeigneten Formaten.
> - Managen Sie Ihren Content für maximalen Erfolg und messen Sie die Ergebnisse!
> - Nutzen Sie die Checklisten und deren Erläuterungen.

5

Generative KI: ChatGPT & Co.

Generative KI war vor dem Aufkommen von ChatGPT und seinem kometenhaften Aufstieg bei den Userzahlen in 2022 eher ein Thema für Nerds. ChatGPT hat es als Chatbot seit Ende 2022 möglich gemacht, dass jedermann und -frau sich auf der Seite von OpenAI ausprobieren konnte. Nach einiger Zeit war klar, dass es sich nicht um einen temporären Hype handelt, sondern um den Beginn des Einzugs einer Technologie, die sehr schnell viel verändert.

Es gibt keine allgemeingültigen Definitionen – weder für Intelligenz noch für künstliche Intelligenz. Insgesamt geht es darum, dass KI-Systeme selbstständig lernen, Probleme lösen, planen und Konversation betreiben – und das möglichst menschenähnlich.

Eine Definition des Europäischen Parlamentes lautet so (Europäisches Parlament 2020):

> Künstliche Intelligenz ist die Fähigkeit einer Maschine, menschliche Fähigkeiten wie logisches Denken, Lernen, Planen und Kreativität zu imitieren.

Die Fortschritte auf diesem Gebiet sind in der letzten Zeit sehr spektakulär, wie zu Beispiel das Video von OpenAI über einen KI-gesteuerten Roboter zeigt.[1] Generative KI ist so wichtig, dass in der Regel von KI und von generativer KI gesprochen wird. Das bedeutet, es gibt den großen Bereich der Anwendungen der generativen KI und alle „restlichen" KI-Anwendungen. In der Marketingcommunity geht es jetzt darum, die Möglichkeiten insbesondere der generativen KI zu operationalisieren.

McKinsey sieht insbesondere vier Bereiche, die mit generativer KI viel Wertschöpfung generieren lassen (Chui et al. 2023):

- Marketingkommunikation und Vertrieb
- Customer Services
- IT
- Forschung und Entwicklung

Content Marketing spielt für die ersten zwei Punkte eine wichtige Rolle und somit sollte der Einsatz von generativer KI auf der Agenda jedes KMU stehen. Es sind zum Teil doch etwas abenteuerliche Berichte über generative KI und das Prompt Engineering in der Presse aufgetaucht. So hätten etwa Unternehmen ein Jahressalär von über 300.000 Dollar für einen Prompt-Writer aufgerufen (Töpper 2023). Der Umgang mit generativer KI ist jedoch keine „Rocket-Science", sondern lässt sich anhand von Regeln systematisch erlernen und erfolgreich anwenden. Diese Regeln werden im Folgenden erläutert.

Generative KI lässt sich demnach natürlich auch für das Herstellen von Bildern und Videos nutzen. Es liegt im Trend, dass Video- und Bildkommunikation im Marketing ein größeres Gewicht bekommen. Es ist sinnvoll, verschiedene generative KI-Systeme gleichzeitig zu nutzen. Um zum Beispiel ein Video für YouTube zu generieren, kann man mit Hilfe von ChatGPT ein Video-Skript erstellen. Dieses KI-generierte Skript kann dann in eine Video-KI eingespielt werden.

Generative KI kann

---

[1] https://www.youtube.com/watch?v=Sq1QZB5baNw.

- neuen Content generieren
- Fragen automatisiert beantworten
- selbstständig Muster und Stimmungen erkennen (z. B. „Ist der Kunde gerade wütend?")
- große Datenmengen analysieren
- Sprachen übersetzen
- einen Marketingplan erstellen
- Content personalisieren

Ob die Zugänge zu generativer KI über ChatGPT von OpenAI, Gemini von Google, Claude von Anthropic, Perplexity oder den Copilot bei Microsoft 365 so bleiben, ist ungewiss. Die Entwicklung, das Training und der Betrieb der KI-Systeme sind sehr aufwendig und teuer und die Anbieter werden ihre natürlich in einem für sie günstigen Geschäftsmodell monetarisieren. Auch wenn sich bei den Angeboten und Anbietern viel ändern kann.

Die Nutzung von generativer KI erfolgt anhand von Regeln für erfolgreiches Arbeiten. Diese Regeln werden in der nächsten Zeit weiterhin gelten, egal wie die Anbieter heißen und wie der Zugang zur KI aussieht.

Die hier im Buch besprochenen Grundlagen werden Sie weiterhin anwenden können.

5.1 KI-Tools: ChatGPT und Co.

ChatGPT ist eine Anwendung, die auf dem von OpenAI entwickelten Sprachverarbeitungsmodell namens Generative Pretrained Transformer (GPT) basiert. Seit langem nutzt die Marketingbranche Künstliche Intelligenz (KI), aber ChatGPT hat die tägliche Verwendung von KI, insbesondere in der Textproduktion, weit verbreitet gemacht (s. Abb. 1.1) und wird von vielen geschätzt. Diese Technologie ermöglicht eine Vielzahl von Anwendungen, wobei die Erzeugung von Inhalten besonders hervorzuheben ist. Um ChatGPT und andere KI-Programme effizient für Content Marketing zu nutzen, sollten bestimmte Richtlinien befolgt werden. Nutzer geben Anweisungen durch sogenannte Prompts ein, die bei geschickter Verwendung ausgezeichnete Ergebnisse liefern können. ChatGPT kann sogar angepasst werden, um spezifische Rollen zu übernehmen, wie beispielsweise die eines Elektroingenieurs, der einem Kollegen komplexe Sachverhalte erläutert. Ein präzises Beispiel hierfür wäre die Anweisung, ein Skript für ein Instagram-Reel zu verfassen, das die Funktionsweise von Windkraftanlagen erläutert, speziell ausgerichtet auf ein Publikum von Raumplanerinnen. Nützliche Richtlinien für das Prompten werden weiter unten besprochen (s. Abschn. 5.3).

Generative KI zur Texterstellung	Generative KI zur Bilderstellung
ChatGPT (OpenAI)	Dall-E (OpenAI)
Gemini (Google)	Gemini (Google)
Claude.ai	Midjourney
Deepl.com	Adobe Firefly
Perplexity.ai	Flux.ai

Machen Sie für jedes Angebot eine Kosten-Nutzen-Analyse
Schwarze hat zum Beispiel die Kosten für die Nutzung von ChatGPT und einer direkten Anbindung an die API von OpenAI gegenübergestellt (Schwarze 2024). Die API-Anbindung war zum Zeitpunkt seiner Kostenaufstellung immer mindestens 64 % günstiger. Die Kosten-Nutzen-Analyse für den Microsoft Copilot mit seinen Einzelplatz-Lizenzen fällt zum Beispiel in der deutschen Industrie unterschiedlich aus: von extrem gut bis extrem schlecht (Philipp Alvares de Souza Soares et al. 2024). Die Entwicklung ist sehr dynamisch. Achten Sie darauf, ein für Sie sinnvolles Angebot zu nutzen. Dabei stehen die Leistungsfähigkeit des KI-Modells, die Kosten bei der Nutzung und der Effizienzgewinn als Dimensionen für die Beurteilung zur Verfügung.

In diesem Buch wird nicht auf die Grundlagen von künstlicher Intelligenz eingegangen. Wer sich tiefergehend dafür interessiert, findet in der Literatur gute Möglichkeiten, sich intensiv mit dem Thema zu beschäftigen. In diesem Buch geht es um die Anwendung der KI bei der Contentgenerierung. Hierzu nur ein paar Anmerkungen, die im Folgenden wichtig werden. Bei der Generierung von Text wird sogenanntes Natural Language Understanding und Natural Language Processing eingesetzt. Das Sprachmodell GPT von OpenAI zerlegt Wörter in sogenannte „Token".

5 Generative KI: ChatGPT & Co.

Das können Wortbestandteile, einzelne Buchstaben oder ganze Wörter sein (Song und Zhou 2024). Sie können das selbst mit dem Tokenizer von OpenAI ausprobieren[2] (Abb. 5.1).

Es ist deshalb sinnvoll, dieses Konzept zu kennen, weil zum Beispiel bei OpenAI der Zugang über ChatGPT eine maximale Summe an Token für die Eingabe, das Prompten und die Ausgabe von ChatGPT vorsieht. Beim Zugang über die API von OpenAI wird über ein spezielles Pricing-Modell über die Anzahl der Token bei Ein- und Ausgabe abgerechnet.[3]

```
GPT-3.5 & GPT-4    GPT-3 (Legacy)

Management und Marketing für die Trends von morgen

Ob in der Digitalwirtschaft, in der Automobilindustrie, bei erneuerbaren
Energien oder im digitalen Marketing - jedes Technologieunternehmen
möchte Marktführer werden. Doch nur wer in der Lage ist, seine Produkte
mit einem erfolgreichen Marketing bekannt zu machen, hat die Nase vorn.
Mit einem Bachelorabschluss in "Technisches Management und Marketing"
hast Du deshalb beste Aussichten auf eine spannende Karriere. Denn wir
```

Clear   Show example

Tokens   Characters
201   833

```
Management und Marketing für die Trends von morgen

Ob in der Digitalwirtschaft, in der Automobilindustrie, bei erneuerbaren
Energien oder im digitalen Marketing - jedes Technologieunternehmen
möchte Marktführer werden. Doch nur wer in der Lage ist, seine Produkte
mit einem erfolgreichen Marketing bekannt zu machen, hat die Nase vorn.
Mit einem Bachelorabschluss in "Technisches Management und Marketing"
hast Du deshalb beste Aussichten auf eine spannende Karriere. Denn wir
vermitteln Dir, wie Du betriebswirtschaftliche Risiken optimal managest,
nachhaltige Businessmodelle entwickelst, IT-Projekte steuerst sowie das
```

Abb. 5.1 Tokenization mit GPT Tokenizer am Beispiel eines Textes

---

[2] https://platform.openai.com/tokenizer.
[3] https://openai.com/pricing.

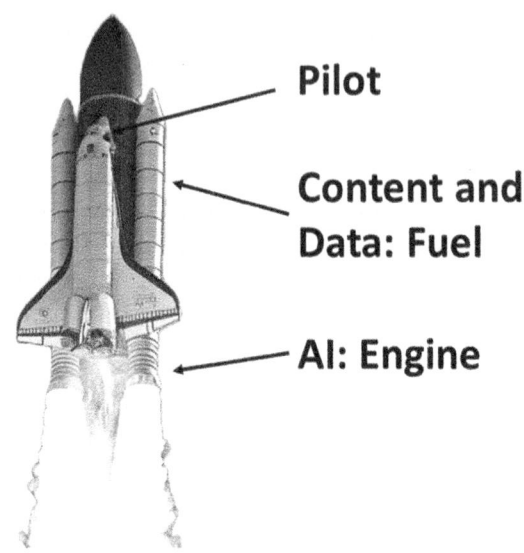

Abb. 5.2 Generative KI ist eine Rakete, die Sie steuern

Bei der Nutzung der generativen KI denken Sie bitte immer an folgendes Bild (s. Abb. 5.2):

Die generative KI ist eine Maschine, die mit Ihrem Content als Treibstoff fliegt. Sie sollten aber immer diese Rakete im Pilotensitz steuern.

5.2 Stärken und Schwächen generativer KI

In sehr einfachen Worten ausgedrückt nutzt generative KI bei der Texterstellung statistische Verfahren, um möglichst in einem Kontext das nächste richtige Wort vorauszusagen. Bei der Bildgeneration schätzt die KI unter Nutzung neuronaler Netzwerke, wie der nächste Bildpunkt gesetzt wird, bis ein vollständiges Bild entsteht (Beuth et al. 2024). Künstliche Intelligenz verfügt nicht über ein Weltwissen, wie wir es als Menschen aus kulturellem Austausch, praktischen Erfahrungen oder formaler Bildung haben.

Grundsätzlich sollte man sich niemals blind auf die Ergebnisse generativer KI verlassen. Generative KI präsentiert Ihnen die wahrscheinlichsten Ergebnisse auf Ihre Anfrage. Generative KI sollte zum Beispiel sehr gut Grammatik und Rechtschreibung beherrschen. Es wird zum Teil auch empfohlen, die eigene Rechtschreibung mittels KI zu überprüfen (Böhl 2023). In dem zitierten Artikel wird auch nochmal darauf hingewiesen, dass es keine 100 %ige Sicherheit für korrekte Ergebnisse gibt und ich habe selbst einfache, kurze englische Texte mit ChatGPT überprüft und das Programm hat zum Teil sehr offensichtliche Fehler nicht gefunden. Dieses Buch wurde nicht durch ChatGPT, sondern durch mich sowie einen menschlichen Lektor und eine Lektorin auf Rechtschreibung, Grammatik und Sinn geprüft.

Programme zu Bildgenerierung machen zum Teil immer noch Fehler bei der Bilderstellung. Zum Beispiel werden Menschen mit drei Händen produziert oder andere Fehler gemacht.

KI-Programme werden aber immer besser. Das ist auf der einen Seite für die Content-Produktion erfreulich. Auf der anderen Seite kann es sein, dass wir nicht mehr aufmerksam genug sind. Es kann alles 99-mal gut gehen. Wenn die generative KI beim 100. Mal einen gravierenden Fehler produziert und der Content live geht, ist es im besten Fall peinlich. Im schlimmsten Fall können natürlich einem Unternehmen dramatische Konsequenzen drohen, zum Beispiel bei fehlerhaften Produktbeschreibungen. Im US-amerikanischen Markt wird zum Teil mit für uns skurrilen Produktwarnungen gearbeitet, wie z. B. „Trocknen Sie Ihr Handy nicht in der Mikrowelle" (Rheinische Post 2007). Der ernste Hintergrund ist natürlich die Sorge vor teuren Verbraucherklagen.

> Tipp: Alle Ergebnisse generativer KI sollten von Menschen überprüft werden („Man in the loop").

5.3 Prompt Engineering

> Prompt Engineering ist die Praxis der Entwicklung von Inputs für KI-Tools, die optimale Outputs erzeugen. (McKinsey 2023, übersetzt mit DeepL)

Gutes Prompt Engineering folgt Regeln. Wenn Sie mit Kundinnen und Kunden ein Projekt starten, werden Sie hoffentlich ein gutes Briefing bekommen. Wenn Sie umgekehrt einen Auftrag vergeben, werden Sie erläutern,

- was ihr Unternehmen ausmacht,
- welches genaue Ziel Sie verfolgen,
- wie das gewünschte Produkt oder die Dienstleistung genau aussehen soll.

So funktioniert auch das Prompt Engineering. Sie geben den Auftrag. Das KI-Tool führt den Auftrag durch.

KI-Tools verfügen über eine Eingabemaske wie zum Beispiel perplexity.ai (Abb. 5.3). Eingaben sind zum Beispiel Fragen, Aufforderungen, Beispiele und Daten, die dem KI-Tool zur Verfügung gestellt werden.

Um beim Prompt Engineering gute Ergebnisse zu erzielen, sollten grundsätzlich

- klare und präzise Fragen und Aufforderungen eingeben werden,
- Hauptsätze gebildet werden,
- Kontext zur Verfügung gestellt werden,
- offene Fragen gestellt werden und
- kein „Slang" verwendet werden.

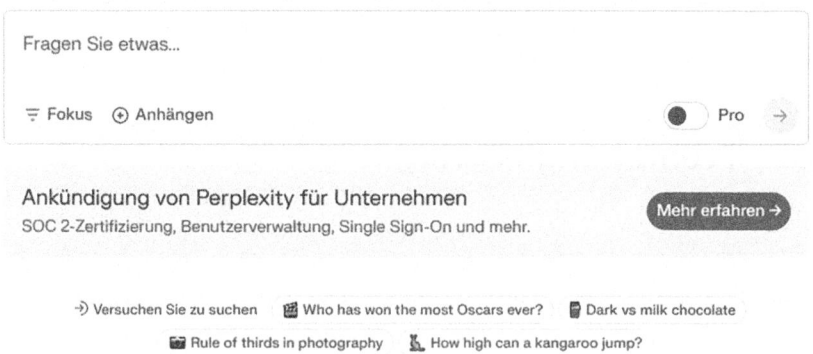

Abb. 5.3 Eingabemaske von Perplexity

(Eliacik 2023)
Sie sollten immer diese Regeln befolgen

- Definieren Sie die eigene Rolle, (bzw. die Rolle, die die KI einnehmen soll).
- Erläutern Sie die Ziele.
- Definieren Sie die Zielgruppe.
- Erläutern Sie den Kontext: Primen Sie die KI mit Informationen aus dem Sinn- und Sachzusammenhang für den Content.
- Legen Sie die Tonalität fest.
- Definieren Sie das Format des Outputs (LinkedIn-Post, Blogbeitrag …).
- Legen Sie Beschränkungen fest (Wortanzahl etc.).

Stellen Sie sich vor, Sie sind im Marketingmanagement eines Herstellers für Elektromotoren, die in E-Bikes Verwendung finden. Ihre Aufgabe ist, die ungestützte Markenbekanntheit ihrer Elektromotoren bei Endkunden von derzeit 10 % auf 15 % zu steigern. Sie möchten als agile und sportliche Marke für Elektromotoren wahrgenommen werden. Es soll eine Kampagne auf Facebook erstellt werden, da Ihre Zielgruppe in der Regel älter als 30 Jahre alt ist.

In dieser Aufgabe stecken alle Informationen, die Sie für die sieben Schritte benötigen.

5.3.1 Rolle festlegen

Beschreiben Sie dem KI-Tool, in welcher Rolle Sie im Unternehmen unterwegs sind. In dem Beispiel oben sind Sie im Marketingmanagement. Sie können aber auch Online-Marketingmanagerin, Produktmanager, Personalerin oder auch Teil der Geschäftsleitung sein. Es kann sinnvoll sein, das KI-Tool zu fragen, ob es weiß, was jemand in der Rolle „Personalerin" macht. Über die Rückmeldung des KI-Tools erfahren Sie, ob die Rolle vom KI-Tool richtig verstanden wurde. Falls nicht: Stellen Sie richtig, erläutern Sie und bringen Sie Beispiele für Ihre Tätigkeit.

5.3.2 Ziel erläutern

Im Beispiel oben möchten Sie Ihre ungestützte Markenbekanntheit für die Elektromotoren für E-Bikes von 10 auf 15 % im französischen Markt erhöhen.
Nennen Sie die Ziele für Ihr Marketing. Das kann zum Beispiel im Employer-Marketing eine Erhöhung der Anzahl von Bewerbungen sein. Sie möchten die Anzahl Ihrer Follower auf LinkedIn auf 5000 erhöhen etc. pp. Sie kennen Ihre Ziele am besten. Erläutern Sie Ihre Ziele haargenau dem KI-Tool.

5.3.3 Zielgruppe genau definieren

Im Beispiel oben sind es Ü-30-Endkundinnen und -kunden für E-Bikes in Frankreich. Das Thema Zielgruppe definieren und insbesondere das Thema Persona haben wir in Abschn. 3.2 in diesem Buch bereits angesprochen. Diese Ergebnisse geben Sie in das KI-Tool ein. Eine große Stärke von KI-Tools ist, dass Sie die Chance haben, dass das Tool bereits viele Texte kennt, die Ihre Zielgruppe betreffen. Unter Umständen sind das Zielgruppen, die für Sie komplett neu sind.
Ich nenne als Beispiel Radiologen in den USA. Wenn Sie Produkte für Radiologen in den USA anbieten wollen, aber mit diesem Markt noch nie zu tun hatten, ist das aber eventuell für Ihr KI-Tool bereits der Fall. Unter Umständen kennt das KI-Tool viel mehr Texte für Ihre Zielgruppe, als Sie selbst jemals im Leben lesen werden. Das ersetzt nicht Ihre eigenen Aktivitäten, aber es kann Ihnen beim Markteintritt erheblich helfen. Content generieren müssen Sie sowieso. Wenn Ihnen das KI-Tool bei der Zielgruppenansprache helfen kann, sind Sie im Vorteil.

5.3.4 Kontext

Der Kontext ist der Sach- und Sinnzusammenhang, in dem Ihre Aktivitäten stattfinden. Für das Beispiel oben wären das Ihre Aktivitäten im E-Bike-Markt. Dazu sollte auf Ihrer Internetseite viel Content vorhanden sein. Es können aber auch aktuelle Marktinformationen sein, die hier eine Rolle spielen. Sie sehen auch an diesem Beispiel, dass KI-Tools viel automatisieren. Sie als User müssen aber immer urteilen und Entscheidungen treffen. Hier müssen Sie entscheiden, welcher Kontext relevant ist.

5.3.5 Tonalität festlegen

Hier kommen wir zu einer weiteren großen Stärke der KI-Tools. Oben im Beispiel soll die Marke für E-Bike-Motoren als agil und sportlich wahrgenommen werden. Weisen Sie das KI-Tool an, genau hierfür eine Tonalität zu finden. Je nach Anlass, Zielgruppe und Land kann das eine andere Tonlage sein. Marketingtexte für die USA erscheinen mir immer etwas überschwänglich, während zum Beispiel Werbung in Deutschland immer ein bisschen „amtlich" herüberkommt.

5.3.6 Format des Outputs

Lassen Sie das KI-Tool wissen, ob Sie ein Whitepaper auf LinkedIn veröffentlichen wollen oder eine Videokampagne auf TikTok. Im Beispiel oben geht es um eine Kampagne auf Facebook. Beachten Sie hier bitte, dass Sie mit dem KI-Tool sowohl den Prozess der Kampagne (Kampagnenplanung) als auch den Content über das KI-Tool erstellen können.

5.3.7 Beschränkungen angeben

Geben Sie Randbedingungen ein. Für das Beispiel oben ist es wichtig zu nennen, dass wir den Content in französischer Sprache benötigen. Geben Sie zudem ein, wann und wie lange die Facebook-Kampagne laufen soll. Es kann auch wichtig sein, dass Sie die Wortanzahl für den Output festlegen oder dass bestimmte Begriffe nicht genannt werden dürfen.

5.3.8 So kann das Ergebnis aussehen

Die Aufgabe oben ist schon recht nahe am einzugebenden Prompt.

Mein Vorschlag ist:
„Ich bin im Marketingmanagement eines Herstellers für Elektromotoren, die in E-Bikes Verwendung finden. Agiere als Marketingmanager.
Die Aufgabe ist, die ungestützte Markenbekanntheit unserer Elektromotoren bei Endkunden von derzeit 10 % auf 15 % zu steigern.
Wir möchten als agile und sportliche Marke für Elektromotoren wahrgenommen werden.
Es soll eine Kampagne auf Facebook erstellt werden, da unsere Zielgruppe in der Regel älter als 30 Jahre alt ist.
Unser Unternehmen gibt es bereits seit 50 Jahre und wir stellen seitdem Elektronmotoren für die Industrie her. Seit 15 Jahren bauen wir sehr erfolgreich Elektromotoren für E-Bikes.
Die Kampagne auf Facebook soll vom September 2024 bis zum Dezember 2024 laufen. Mache einen Vorschlag für die Gestaltung der Facebook-Kampagne und erstelle für jeden Post Vorschläge für Bild- und Text-Content."

Das Ergebnis finden Sie unter: https://www.kleinkes.net/docs/content-marketing-kapitel/kapitel-5-generative-ki/. Sie werden feststellen, dass es für herausfordernde Aufgaben nicht ausreicht, nur einmal zu prompten. Sie werden oft nachverfeinern müssen, so auch in diesem Beispiel. Welche Aufgabe hat ChatGPT in diesem Promptergebnis klar verfehlt? Überlegen Sie! Das Ergebnis finden Sie unter dem gleichen Link.

5.4 Anwendungsgebiete generativer KI im Content Marketing

Künstliche Intelligenz wird bereits seit längerer Zeit im Marketing eingesetzt. Beim Thema Content Marketing sprechen wir ausdrücklich über generative KI: also künstliche Intelligenz, die Texte, Bilder, Töne, Videos etc. pp. herstellt. Es sei hier kurz angemerkt, dass „nicht-generative" KI bereits seit Jahren im Marketing eingesetzt wird (Wagener 2019).

5 Generative KI: ChatGPT & Co.

Wenn Ihnen Netflix, DAZN oder Amazon neue Filme, Produkte und Dienstleistungen vorschlagen, können Sie davon ausgehen, dass „klassische" künstliche Intelligenz die Art des Produktes, den Zeitpunkt der Information, Preisvorschläge etc. pp. auswählt.

„Klassische" künstliche Intelligenz wird zum Beispiel eingesetzt, um Muster zu erkennen und Ereignisse vorherzusagen.

Bei der Mustererkennung kann es darum gehen, aus Daten zum Beispiel Kundengruppen zu definieren. Der Vorteil der KI ist, dass sie sehr viele Daten sehr schnell untersuchen kann. Mittlerweile kann man sogar mittels sogenannter „B2B-look-alikes" automatisiert zielgerichtet bestimmte Kundensegmente im Internet anvisieren und so Leads gewinnen (Baur 2021).

Am Ende sind es aber aktuell immer noch Menschen, die entscheiden müssen, ob ein mathematischer, statistischer Zusammenhang auch einen Zusammenhang in der Realität bedeutet. Zum Beispiel geht die Abnahme der Storchenpopulation in bestimmten Regionen der Welt mit einer Abnahme der Geburtenrate einher. Wer noch an den Klapperstorch glaubt, wird hier einen ursächlichen Zusammenhang sehen. Für alle die, die nicht mehr an den Klapperstorch glauben, gilt hier eine sogenannte Scheinkorrelation und es gibt keinen ursächlichen Zusammenhang.

Unterschätzen Sie bitte nie die Geschwindigkeit der Entwicklung von künstlicher Intelligenz. Eine Stanford-Studie aus 2024 stellt fest, dass KI menschliche Fähigkeiten in vielen Bereichen immer schneller übertrifft (Krichmayr 2024). Noch aber werden Sie gebraucht.

Die Einsatzfelder für generative KI sind sehr umfangreich. In allen Schritten der Content-Konzeption Abschn. 3.2.2 können Sie sich generativer KI bedienen. Für alle genannten Schritte können KI-Tools verwendet werden. Da der Markt für diese Werkzeuge extrem dynamisch ist, wird an dieser Stelle darauf verzichtet, spezifische KI-Tools vorzuschlagen. Wie bereits an anderer Stelle gesagt, ist es sinnvoll, sich mit Marketers aus dem Mittelstand auszutauschen, welche Werkzeuge gerade für Unternehmen mit wenig Budget und Zeit gut geeignet sind.

Im Folgenden werden die einzelnen Vorschläge erläutert und eingeordnet:

Tab. 5.1 Werkzeuge für die KI

Schritte der Content-Konzeption	Einsatz von generativer KI
Ziele	- Brainstorming für mögliche Marketingziele des eigenen Unternehmens - KI-gestützte Tools zur Erstellung von SMART-Zielen
Analyse	- Analyse des eigenen Textes auf der Website bezüglich der vorgegebenen Marketingziele - Automatisierte Wettbewerbsanalyse durch KI, um Strategien anzupassen
Planung	- Erstellung eines Marketingplans mit konkreten inhaltlichen Vorschlägen und Zeitpunkten
Produktion	- Generative KI zur Erstellung von Texten, Bildern und Videos - KI-gesteuerte Videoproduktionsassistenten, die Schnitte und Effekte automatisch optimieren - KI-Tools zur Audioerzeugung und -bearbeitung für Podcasts
Management	- Kontrolle des Ausspielens des Contents

Ziele

Ihre Marketingziele werden Sie vermutlich kennen. Ihr persönlicher Assistent ChatGPT, Gemini etc. kann Ihnen aber helfen, weitere Ziele zu identifizieren oder bestehende Ziele zu verfeinern und zu präzisieren. Machen Sie ein Brainstorming, in dem Sie zum Beispiel eingeben: „Mein Marketingziel ist eine Umsatzsteigerung für mein aktuell schwächstes Produkt. Für konkrete Aktivitäten benötige ich Marketingziele, die ich mit Key Performance Indicators messen kann. Mache bitte Vorschläge!" Denken Sie dabei an die Regeln des Prompten (Abschn. 5.3). Generative KI kann dabei helfen, Bestätigung zu finden: Die KI schreibt nur Dinge, die Sie verwerfen. Oder es gibt doch noch den einen Vorschlag, den Sie übersehen haben.

Analyse

Generative KI kann Ihnen dabei helfen, sehr effizient Ihren Website-Inhalt und alle anderen Inhalte auf Rechtschreibfehler, Aktualität etc. pp. zu überprüfen. Die Stärke der generativen KI ist es, Texte genau für ein Zielpublikum anzupassen. Sie können die KI auch fragen, ob bestimmte Inhalte fehlen.

Planung
Sie werden sicherlich schon einige Marketingpläne geschrieben haben, aber es geht noch einfacher, wenn Sie ChatGPT und Co. bitten, einen Vorschlag zu machen, den Sie anschließend verbessern. Generative KI wird Ihnen sowohl inhaltliche Vorschläge machen als auch einen zeitlichen Ablauf vorschlagen.

Produktion
Für die Produktion kann Ihnen die ganze Bandbreite generativer KI zu Seite stehen. Beachten Sie unbedingt die Regeln für das Prompten und die Hinweise zur Ethik und zum Urheberrecht im nächsten Kapitel.

Management
Viele große Unternehmen nutzen KI-Tools, um in Echtzeit zum Beispiel die Stimmung innerhalb der Kundschaft und der Internetaudience zu messen. KI kann auch helfen, die optimalen Zeitpunkte für das besonders erfolgreiche Ausspielen von Content zu ermitteln, KMU können solche Anwendungen am besten im Rahmen der Nutzung von Marketing-Automation-Tools wie etwa Marketo, HubSpot oder anderen nutzen.

5.5 Ethik, Datenschutz und Urheberrecht im Umgang mit generativer KI

5.5.1 Ethische Fragestellungen/Bias

Wenn Sie generative KI einsetzen, sollten Sie wissen, dass die Modelle mit Daten vortrainiert werden. Die eingesetzten Daten bestimmen dann auch den Output. Da die USA derzeit das KI-Geschehen weitgehend dominieren (Schmidt 2024), kann man davon ausgehen, dass vermehrt angelsächsische Daten und Datenbanken zum Trainieren der sogenannten Basismodelle genutzt werden. Der Rest der Welt spielt hier dann nur eine untergeordnete Rolle. Es findet dann eine sogenannte „Bias" oder Verzerrung der Ergebnisse statt. Wenn Sie nach einer Geschäftsführung suchen, wird dann als Persona oder als Bild der 50-jährige weiße (amerikanische) Mann ausgegeben. Da wir im Marketing wissen, dass es mehr Kundengruppen gibt, die genau dem Klischeebild nicht entsprechen, müssen Sie als Pilotin oder Pilot der KI eingreifen und die Ergebnisse anpassen.

5.5.2 Datenschutz

Viele Anwendungen generativer KI im Marketing sind unbedenklich. Insbesondere dann, wenn Sie sowieso vorhaben, die Ergebnisse von ChatGPT und Co. zu veröffentlichen, wie LinkedIn-Posts, Blogtexte etc. Wichtig ist, dass alles, was Sie in eine generative KI online eingeben, keine Daten enthalten darf, die schützenswert sind. Vor allem sind das natürlich persönliche Daten wie Geburtstage, Alter etc. Wenn Sie generative KI benutzen wollen, um eine Antwort für vielleicht etwas schwierige Kundinnen und Kunden mittels E-Mail zu schreiben, sollten Sie genau achtgeben, dass Sie keinerlei Namen und weitere persönliche Daten in den Prompts erscheinen lassen. Alles sollte komplett anonymisiert werden.

Weitere Fragestellungen ergeben sich aus dem Gesetz zum Schutz von Geschäftsgeheimnissen (GeschGehG). Wer unerlaubt eigene oder fremde Firmengeheimnisse in eine generative KI wie von OpenAI oder Google eingibt, macht sich womöglich strafbar. Wenn Erfindungen vor der Patentierung veröffentlicht werden, sind sie nicht mehr patentierbar. Das kann der Fall sein, wenn diese Erfindungen vorab in eine KI eingegeben werden.

5.5.3 Firmenleitfaden zur Nutzung der generativen KI

Ein Leitfaden bringt folgende Vorteile für die Firma und für die einzelnen Mitarbeiterinnen und Mitarbeiter:

- alle bekommen verbindliche „Leitplanken",
- die vermutlich sehr offensive R&D-Abteilung bekommt Regeln, bestimmte Dinge nicht zu tun,
- die vermutlich sehr defensive Rechtsabteilung wird Ihnen nicht bei den erlaubten Use Cases dazwischenfunken,
- eher zögerliche Mitarbeiterinnen und Mitarbeiter bekommen so eine Hürde abgebaut und nutzen die KI eher.

Es sollten in diesem Leitfaden die Einsatzzwecke von generativer KI beschrieben werden. Dazu kommt, dass generative KI nur für die geschäftliche Nutzung in der Firma vorgesehen ist und
keine personenbezogenen Daten und keine Betriebs- und Geschäftsgeheimnisse eingegeben werden sollten. Die Mitarbeitenden müssen die Ausgabe immer auf Richtigkeit checken und das Unternehmen sollte regelmäßig die Nutzungsbedingungen von OpenAI und Co. prüfen und deren Nutzung transparent darstellen. Da hier im Buch keine Rechtsberatung vorgenommen wird, sollte man auch immer eine Rechtsberatung für die Erstellung eines Leitfadens aufsuchen. Punkte für die Vorschläge hier wurden der Internetseite in der Fußnote entnommen.[4]

5.5.4 Urheberrecht

In Deutschland können nur natürliche Personen Urheberin oder Urheber sein und nicht etwa Unternehmen (Deutsches Patent- und Markenamt 2024). Das bedeutet, dass für Texte, Bilder und Videos, die komplett mit generativer KI erstellt wurden, kein Urheberrecht besteht und dieser Content „gemeinfrei" und von allen nutzbar ist. Wenn Sie zum Beispiel Texte als Dienstleistungen erstellen, können Sie in diesem Fall Ihrem Auftraggeber nicht garantieren, dass die Texte exklusiv genutzt werden können.

In der Regel sollte es für eigenen Content im Kontext des eigenen Marketings kein Problem geben. Sie möchten ja, dass Ihre Texte weiterverbreitet werden und vermutlich wird niemand plump Ihre Texte kopieren.

Wenn Sie den Ausführungen in diesem Buch folgen und sehr viel Gehirnschmalz in das Prompten stecken und auch das Endergebnis in Ihrem Sinne editieren, dann erreichen Sie eine „schöpferische Höhe" und in diesem Fall sind Sie auch in gewisser Weise Urheberin bzw. Urheber des Contents. Im Detail ist das natürlich ein Fall für Juristinnen und Juristen.

---

[4] https://www.menoldbezler.de/blog/ki-recht-richtlinien-fuer-die-rechtssichere-nutzung-von-chatgpt-und-anderen-ki-systemen.

6

Praxisbeispiel

> **Was Sie aus diesem Kapitel mitnehmen**
> - Praxisbericht aus einem mittelständischen B2B-Unternehmensverband
> - Einen konkreten Ansatz, um Content Marketing zu nutzen
> - Sehr konkrete Herausforderungen an KMU und wie man sie meistert

Praxisbericht von Mona Okroy-Hellweg vom IVAM Fachverband für Mikrotechnik

Als Fachverband für Mikrotechnik verfolgt IVAM das Interesse, Vertreter der Hightech-Branchen zusammenzubringen und sie dabei zu unterstützen, mit ihren Technologien und Produkten an den Markt zu gehen und im internationalen Wettbewerb erfolgreich zu bestehen. Zu den zentralen Zielen zählt daher auch das Technologie-Marketing. Unser Mitgliederkreis besteht vorrangig aus kleinen und mittleren europäischen Unternehmen. Als relativ kleine Geschäftsstelle eines Branchenverbandes einer Nischentechnologie stehen wir in Bezug auf Marketing-Maßnahmen im Prinzip denselben Hürden gegenüber, mit denen sich auch unsere Mitglieder tagtäglich konfrontiert sehen. (www.ivam.de)

Minimale Ressourcen optimal einsetzen
Zu den größten Problemen zählt sowohl für uns selbst als auch für unsere Mitglieder die Verfügbarkeit von personellen und finanziellen Ressourcen für umfassende und professionelle Marketingmaßnahmen. Nicht selten sind die verantwortlichen Mitarbeiter im Unternehmen mit einer Vielfalt von Aufgaben für das laufende Tagesgeschäft als auch mit der Planung und Umsetzung von Marketingmaßnahmen betraut. So kann es schwerfallen, Trends im Auge zu behalten oder Neues auszuprobieren.

Beim Stichwort „Content Marketing" schrecken viele kleine und mittlere Unternehmen spätestens dann zurück, wenn bei einer Fortbildung, einem Webinar oder der Google-Suchanfrage die beeindruckenden, perfekt durchdesignten Content-Kampagnen von Lebensmittel-Giganten, Telekommunikationsunternehmen oder Automobil-Riesen auftauchen. Wie Professor Kleinkes eingangs erwähnt, ist – und das ist auch unsere Erfahrung aus der Praxis – an dieser Stelle der richtige Blickwinkel entscheidend für den individuellen Erfolg. Wer mit seiner Content-Strategie als KMU großen Konzernen Konkurrenz machen möchte und über Nacht Tausende Follower und viel Applaus in den sozialen Netzwerken erwartet, wird natürlich enttäuscht werden. Wer dann unmittelbar alle Aktivitäten wieder einstellt, hat lediglich Zeit vergeudet und hinterlässt ungepflegte Profilseiten, die einen schlechten ersten Eindruck machen.

Wer jedoch kontinuierlich am Ball bleibt und es schafft, regelmäßig nützliche und/oder unterhaltsame Informationen für seinen potenziellen Kundenkreis zur Verfügung zu stellen, kann sich von der Masse derer, die (noch) nicht aktiv sind, positiv abheben, er kann gezielt Expertise demonstrieren, die Beziehung zu Bestandskunden stärken und neue Kunden auf sich aufmerksam machen – auch durch die Hilfe von Suchmaschinen.

Social-Media-Kanäle bieten bei kleineren Budgets einen ganz entscheidenden Vorteil: Die Nutzung als Kommunikationsinstrument, um Content zu streuen, ist mit keinen nennenswerten Kosten verbunden und die technische Infrastruktur, Wartung und Aktualisierung wird komplett durch den Plattformanbieter abgewickelt. Zudem ist die Usability oftmals sehr gut und – was am wichtigsten ist – Ihre Zielgruppen sind bereits da.

Hauptsache erstmal anfangen: Umsetzbarkeit von Lean Content Marketing
Aus unserer Sicht hat sich das so genannte „Lean Content Marketing" besonders bewährt. Während die Erarbeitung einer klassischen Marketingstrategie evaluierte Zielgruppen und Konzepte umfassend einbezieht und strategisch auf Unternehmenswerte, Markenkern und Corporate Identity zugeschnitten wird, agiert „Lean Content Marketing" eher nach dem Prinzip: „Hauptsache erstmal anfangen". Damit wird Spielraum für Kreativität und Experimente geboten und der Dialog mit Nutzern gibt schnelle Feedbacks.

So konnten wir anhand von Klickzahlen, Likes und Shares recht schnell ableiten, welche Art von Inhalten der Zielgruppe im Netz tatsächlich gefällt und unsere Content- und Redaktionsstrategie – für andere Marketingmaßnahmen – weiter danach ausrichten. Wenn Inhalte mal nicht gut ankommen, ist es im Umkehrschluss auch kein Beinbruch. Schließlich hat man nur ein paar Arbeitsstunden, jedoch keine immensen Druck- oder Agenturkosten verbrannt. Und wer weiß? Manch ein Online-Inhalt wird – das zeigt auch unsere Erfahrung – erst später als Archiv-Text zum Klick-Dauerbrenner, indem er Nutzer über den organischen Suchmaschinenweg zum Ziel führt. Vielleicht eröffnet ein zunächst weniger beachteter Inhalt erst aus der zweiten Reihe qualifizierte Leads.

Wir sehen dies zum Beispiel an unserem Hightech Magazin INNO, in dem Mitglieder des Verbandes kurze Fachartikel zu ihren Produkten und Technologien – auch in Form von Projektberichten oder Erfolgsgeschichten – veröffentlichen können. Viele der alten Archivausgaben werden kontinuierlich weiterhin heruntergeladen und regelmäßig über den organischen Suchweg mittels Keywords gefunden. Nicht zuletzt die Diskussionen rund um die Durchsetzung der DSGVO bestärken kleine und mittlere Unternehmen darin, ausgetretene Pfade zu verlassen und stärker auf Inbound-Strategien zu setzen.

Immer wieder wurden wir – auch in der Diskussion mit Mitgliedern aus dem Netzwerk – mit der Frage nach potenziellen Trollen, Provokationen oder „Shitstorms" im Internet konfrontiert. Unsere bisherigen Erfahrungen und die geteilten Erfahrungen von Mitgliedern zeigen, dass hier bei kleinen und mittleren Unternehmen oftmals eine unnötige Angst vorherrscht und das Risiko eines tatsächlichen Shitstorms oft überschätzt wird. Die Gründe liegen dafür sicherlich in den Unterschieden, die – in diesem Fall lässt sich auch sagen glücklicherweise – doch noch zwischen B2B- und B2C-Kommunikation bestehen. Dadurch, dass Kundenbeziehungen in einer relativ kleinen und verhältnismäßig überschaubaren Branche oft langfristig aufgebaut und gepflegt werden, ist der Ton in den Kommentarspalten und Diskussionsforen oft wohlwollend. Die Diskussionen über das Potenzial der Technologien steht dabei oft im Fokus der gesamten Kommunikation. Rund um die Themen Mikrofluidik oder optische Technologien sind zum Beispiel viele spannende und inhaltlich wertvolle Diskussionen zwischen Expertinnen und Experten in den sozialen Medien zu finden. Durch eine zielgerichtete Bereitstellung von Fachwissen und interessanten Einblicken können Unternehmen sich dort vorteilhaft in ihrer Branche positionieren.

Viel Kommunikation hilft viel: Potenziale für guten Content entdecken und strategisch verwerten
Die drängendste und wichtigste Frage für uns war, wie und wo man überhaupt relevanten Content generieren kann. An dieser Stelle hat sich die vielfach empfohlene redaktionelle Vorgehensweise bewährt, die wir auch bereits genutzt haben, um Fachmagazine oder Newsletter inhaltlich zu planen.

Zum Start kann es sehr sinnvoll sein, bereits existierende Inhalte und/oder Prozesse für die ersten Schritte im Content Marketing einfach zu übernehmen. Ein beliebtes Werkzeug des Lean Content Managements ist die Mehrfachverwertung einmal erstellter Inhalte: In der Praxis bedeutet das, dass niemand jeden Tag etliche Seiten guter Texte erstellen muss. Eine cross-mediale Verwertung bereits aufwändig erstellter Inhalte spart Zeit und Geld.

Für den Start: Vorhandene Inhalte im Social Web teilen
In einem ersten Schritt wurde evaluiert, welche Inhalte ohnehin regelmäßig erstellt und veröffentlicht werden wie z. B. Inhalte, die auf der Webseite veröffentlicht oder in E-Mailings an Kunden versendet werden:

- Pressemitteilungen
- Inhalte aus Newslettern und dem Blog
- Hinweise auf Messen/Kongresse
- Hinweise auf Vorträge/Webinare
- Neue Produkte oder Produktspezifikationen
- Hinweise auf Berichterstattung über Ihr Unternehmen, z. B. in der Presse
- Informationen zu Kooperationen und Partnerschaften

Weiterhin lohnt es sich zu schauen, welche möglichen weiteren Inhalte im Unternehmen vorliegen oder erstellt werden, die sich mit wenig Aufwand so aufbereiten lassen, dass sie ebenfalls verwertet werden können. In unserem Fall waren dies z. B.:

- Regelmäßig aufbereitete Hinweise auf dauerhafte IVAM-Services wie „Stellenbörse", „Branchenterminkalender", „Newsletter Abo", „Studien" usw.
- Fotoimpressionen von Messen und Veranstaltungen
- Reiseberichte des Vertriebs
- Fotos und insb. Selfies von Messestandpersonal
- Jubiläen von Mitarbeitenden und Mitgliedsunternehmen
- Blicke hinter die Kulissen bei Betriebsausflügen, betrieblichem Gesundheitsmanagement sowie Fort- und Weiterbildungen
- Azubi-Projekte
- Fotos von Vorstands- und Beiratstreffen

Diese Inhalte haben wir dann – auch unter Berücksichtigung von Datenschutzanforderungen – hinsichtlich ihrer Eignung für Content-Kampagnen im Bereich Social Media überprüft. Auf diesem Weg ließ sich eine gute Menge regelmäßiger Inhalte für ein abwechslungsreiches digitales Grundrauschen ableiten.

Zunächst hatten wir uns eine Zielzahl von 1–2 Postings in der Woche vorgenommen, die wir dann nach und nach auf (werk-)tägliches Veröffentlichen auf einigen Portalen steigern konnten. Mit zunehmender Akzeptanz innerhalb des Teams und regelmäßigen kurzen Brainstormings kamen mehr und mehr Ideen für möglichen Content. Besonders wichtig ist die Akzeptanz und Mitarbeit durch die Geschäftsführungsebene in den Unternehmen.

Visual Content – nur für einen Augen-"Blick"
Inhalte für die Verwendung im Social-Web zu visualisieren, hat sich bewährt. Es empfiehlt sich, sowohl einzelne Inhalte als auch ganze Kampagnen optisch abwechslungsreich aufzubereiten und umzusetzen. Follower und Algorithmen belohnen dies. Wir nutzen einen Mix unterschiedlicher Formate, darunter z. B.:

- Zitatkacheln
- Collagen
- PDF-Slides
- Info-Grafiken
- Fotogalerien
- Videoimpressionen
- kurze Videostatements
- Titelseiten von Magazinen oder Broschüren
- Logoparaden
- Produktbilder
- Fotos von Sprechern mit Vortrags- oder Sessiontiteln
- digitale Einladungskarten

In der Praxis bedeutet das: Bei der Planung einer Veranstaltung oder eines neuen Projektes versuchen wir sofort – in Anlehnung an Thema, Gastgeber und Zielgruppe – in einem Schritt möglichst viele Veröffentlichungsmöglichkeiten mitzudenken.

Idealerweise versuchen wir also im Vorfeld von Konferenzen, Workshops und Symposien, Porträtfotos und aussagekräftige Statements der Beteiligten zu bekommen, die die Veranstaltung in der Akquisitionsphase bei der Zielgruppe immer wieder in Erinnerung rufen und Interesse wecken sollen. Insbesondere das Verlinken der – bestenfalls ebenfalls im Social Web aktiven – Unternehmen oder Persönlichkeiten hilft dabei, neue Interessenten- und Followergruppen zu erschließen.

Für eine möglichst aussagekräftige Bildsprache bereiten wir Bildmaterial mittels Grafik- und DTP-Programmen auf und verwenden dabei auch regelmäßig Stock-Bilder. Bei häufiger und regelmäßiger Nutzung können sich hier die Lizenzen von professioneller Grafik-Software

(z. B. Adobe) lohnen. Auch mit oft bereits vorhandener Standard-Software (z. B. aus dem Office-Paket) lassen sich erste Schritte für visuelle Content-Erstellung umsetzen. Seit einigen Jahren sind zudem Visual Suite Online-Dienste wie z. B. Canva eine ressourcenschonende Lösung für kleine und mittlere Unternehmen. Bei diesen Tools ist die Usability sehr gut und die Bandbreite von Templates sehr groß, sodass auch ohne größere Vorkenntnisse Vorschläge erstellt und genutzt werden können. Für einen überschaubaren Betrag können auch Teams online-basiert gemeinsam Inhalte gestalten und freigeben. Schön war für uns z. B., dass die Angebote mit unserem Bedarf „mitgewachsen" sind. Auch der Blick in freie Stock-Fotodatenbanken kann sich lohnen. Hier muss mitunter die genaue Verwendungsoption hinsichtlich Bearbeitung und verpflichtender Quellenhinweise beachtet werden, dafür ist keine Lizenzgebühr fällig.

Auch ein regelmäßiger Blick in beliebte Kanäle des B2C- oder Influencer-Marketings ist sinnvoll, um Ideen für Content-Erstellung und effiziente Mehrfachverwertung zu bekommen. Es ist nicht unüblich, bereits genutzte Inhalte unter neuer Perspektive, z. B. zum gleichen Anlass nach exakt einem Jahr oder in Bezug auf passendes tagesaktuelles Geschehen, noch einmal zu veröffentlichen. Countdowns oder in mehrere Postings unterteilte Storys können – je nach Inhalt – auch in der B2B-Kommunikation gut funktionieren.

Authentizität ist Trumpf: „Gesicht" zeigen
Eine gute Auswahl an geeignetem Bildmaterial ist essenziell, um guten Content zu erstellen. Aus diesem Grund ist bei uns jeder Projektmitarbeiter zumindest mit einer Smartphone-Kamera unterwegs, um möglichst viel relevantes Bildmaterial zu erstellen. Zukünftig ist geplant, hier auch mehr Videomaterial zu generieren, um den Anforderungen und Sehgewohnheiten des Nutzerverhaltens nachzukommen.

Der Aspekt der Authentizität wurde in diesem Zusammenhang in unserem Mitgliedernetzwerk in den letzten Jahren oft diskutiert. Kann, darf oder sollte man Inhalte veröffentlichen, die nicht 100 % professionell wirken? Kanäle wie Snapchat oder TikTok haben die Frage wohl endgültig geklärt. Nichtsdestotrotz sollte der Stil des Contents zum Produkt, zur Zielgruppe und zum jeweiligen Kanal passen. Ein eher unbeholfener Vlog eines Azubis, der einen Blick hinter die Kulissen gibt und authentisch über das Ausbildungsbild berichtet, sorgt für Sympathien und wird bei der Zielgruppe potenzieller Bewerber eher ernst genommen als ein perfekt durchgestyltes Imagevideo. Es versteht sich von selbst, dass hingegen seriöse und möglicherweise auch mal schlechte Botschaften, die im Rahmen einer Krisenkommunikation per Video mit der Öffentlichkeit geteilt werden sollen, konservativer gehalten werden und größtmögliche Professionalität ausstrahlen sollten.

Grundsätzlich lohnt es sich, wenn Unternehmen „Gesicht" zeigen. Fröhliche Selfies, Fotos von Veranstaltungen und Impressionen erzielen oft erstaunlich gute Reichweiten. Insbesondere die Führungsebene sollte die Scheu ablegen, sich öffentlich sichtbar in den sozialen Medien zu zeigen. Authentische und emotionalisierende Inhalte sind besonders beliebt bei Internet-Usern. Diesbezüglich unterscheiden sich User in B2C- und B2B-Kommunikation nicht besonders. Fotos, auf denen bekannte Orte und Gesichter auftauchen, binden das Interesse des Betrachters besonders stark. Wenn es dann gelingt, diese Aufmerksamkeit mit einer Botschaft zu verbinden, die das Unternehmen, seine Produkte oder Dienstleistungen in einen positiven Kontext rückt oder repräsentiert, ist es gelungen, wirklich guten visuellen Content zu erstellen.

In diesem Zuge setzen wir seit längerem auf Arbeitstechniken des Corporate Influencings, die gezielte Nutzung von Social Media und andere digitale Plattformen, um mit Hilfe der Inhalte von Mitarbeitenden die Marke zu stärken, Produkte und Dienstleistungen vorzustellen, Expertise zu demonstrieren, Vertrauen aufzubauen und das Verbandsimage zu stärken.

Ein Teil der Corporate-Content-Strategie wurde über die Einführung eines Blogs umgesetzt, der unsere bestehenden Medien (Fachmagazin mit technischen Artikeln, Mitgliederzeitschrift und Newsletter) insbesondere für mehr digitale Reichweiten und Inbound ergänzen sollte. Ein zentrales Element des Corporate Blogs sind daher auch Berichte von Mitarbeitenden aus der Geschäftsstellenarbeit – hier wollen wir Expertise demonstrieren, Vertrauen ausbauen und das Team stärker in den Fokus rücken. So schilderten beispielsweise unsere Auszubildenden die Eindrücke ihrer ersten Praxisprojekte, ihrer Auslandsaufenthalte und haben sogar ihre beruflichen Zukunftsängste im Rahmen der Coronapandemie geteilt. Wir lassen hier aber auch regelmäßig Projektverantwortliche und die Geschäftsführung zu Wort kommen. Neben Technologiethemen und Reiseberichten stehen auch allgemeine Businessthemen regelmäßig auf dem Redaktionsplan. Erfahrungsbeiträge zu Themen wie „Remote Führung" oder „B2B-Verhandlungen in Zoom-Calls" regten beim späteren Platzieren in den sozialen Medien zu Erfahrungsaustausch und Diskussionen an.

Beim Online-Business-Netzwerk LinkedIn kann es ebenfalls sehr hilfreich sein, Führungskräfte und Projektverantwortliche regelmäßig in Updates aus Ihren Projekten zu platzieren. Insbesondere in kundenkontaktintensiven Positionen kann dies das Vertrauen und die Beziehung zum Kunden effektiv stärken.

Neue Tools implementieren: Corporate Podcast
In einem weiteren Schritt haben wir den Blog um einen integrierten Corporate Podcast erweitert. Neben der offensichtlichen Tatsache, dass Podcasts sich zunehmend zum Teil des Standardportfolios von Owned Media entwickelt haben, lagen für uns noch andere Vorteile auf der Hand: Ein schriftlicher Gastbeitrag eines Experten oder einer Expertin ist sehr zeit- und abstimmungsaufwändig. Eine Podcastfolge bietet das Potenzial, mehr relevante Inhalte in kürzerer Zeit zu generieren. Im Vergleich zu anderen Content-Formaten wie z. B. Videointerviews können Podcasts relativ kostengünstig produziert werden, denn die Grundausstattung für die Podcast-Produktion umfasst im Wesentlichen nur Mikrofone und Schnittsoftware. Hier gibt es viele preisgünstige Angebote und unzählige Tutorials z. B. auf YouTube, sodass keine größeren Vorkenntnisse notwendig sind, um es – frei nach dem Lean-Ansatz – einfach einmal auszuprobieren.

Dies waren die Gründe für uns, einen Podcast zu launchen:

- Die Möglichkeit, Akteure aus dem Netzwerk aktiv als Experten zu positionieren

(Vorstände, Beiräte, Fachgruppenleiter, Mitgliedsfirmen, Partnerfirmen)
- Persönlichkeiten und Marken auf authentische und persönliche Weise positionieren
- Raum für mehr inhaltliche Tiefe.
- Gute Ergänzung zu bestehenden Veröffentlichungen/Publikationen
- Vielfältige Themen, auch abseits der rein technischen Themenschwerpunkte, möglich
- Sehr gut geeignet für die Streuung über Social-Media-Kanäle
- Flexibler Veröffentlichungszeitraum
- Viele Themen möglich

Hürden und Hindernisse mit Teamarbeit meistern
Hightech-Unternehmen müssen natürlich regelmäßig technische Inhalte veröffentlichen, um relevante Keywords zu platzieren und die Expertise in den Kernkompetenzen zu demonstrieren. In unserer Fachgruppe Marketing wird regelmäßig ein Problem hinsichtlich der Arbeitsorganisation und Prozessoptimierung diskutiert, welches sehr vielen KMU gemeinhin bekannt ist: Die Mitarbeiterinnen und Mitarbeiter aus dem Marketing haben oft keinen technischen Background – was in vielen Fällen auch zielführend ist, schließlich sollen sie Kommunikationstalente sein, das Internet verstehen, gute Texte und Kampagnen erstellen und ein geschultes Auge für zielgruppenspezifisches Design mitbringen. Die Mitarbeiterinnen und Mitarbeiter aus den technischen Abteilungen sind oftmals eher mit wissenschaftlicher Text- und Grafikerstellung als mit journalistischer Arbeitsweise vertraut und haben im Tagesgeschäft im Prinzip keine zeitlichen Ressourcen für Content-Zuarbeit. Eine gute Zusammenarbeit an dieser Stelle ist jedoch der Schlüssel für erfolgreiches Content Marketing und erfolgreiche Pressearbeit im Bereich technischer, erklärungsbedürftiger Produkte und Dienstleitungen.

Als erfolgreicher Lösungsansatz hat sich in den Unternehmen, wie auch bei uns, die redaktionelle Arbeitsweise bewährt. Welche Vorgehensweise in welcher Unternehmenskultur besonders gut und nachhaltig funktioniert, hängt sicherlich von vielen Faktoren ab, die zum Teil durch die Geschäftsführungsebene auch aktiv gesteuert werden können. Solche sind z. B. die Kommunikationskultur und die Hierarchiestruktur im Unternehmen oder die Wertschätzung der Content-Strategie innerhalb der Unternehmensbereiche und die Sensibilisierung für die Notwendigkeit „digitaler Aktivitäten".

Ein paar nützliche Tipps, die wir erfolgreich umgesetzt haben, sind:

- Themenideen als regelmäßiger TOP auf allgemeinen Projektbesprechungen
- kleinere Task-Force-Sitzungen zu einzelnen Kampagnen
- unkomplizierte Freigabeprozesse oder „Kommunikations-Vollmacht"
- regelmäßige Feedback-Informationen an beteiligte Projektteams über Klicks, Likes, Shares erhalten die Motivation und erhöhen die Bereitschaft zur Mitarbeit
- interner Kommunikationskanal für unkomplizierte und kurzfristige Zuarbeit von Bildmaterial und Informationen (z. B. WhatsApp-Gruppe)
- muss nicht in festen Formen erfolgen, sondern wird dem Tagesgeschäft und den Umständen angepasst

Aktive Netzwerkarbeit: Wer kennt wen? Wie finde ich die richtigen Multiplikatoren?

Als kleines oder mittleres Unternehmen ist es ebenfalls sinnvoll, sich regelmäßig nach Gleichgesinnten umzusehen und Kontakte zu nutzen, um die eigene Sichtbarkeit im internationalen Wettbewerb zu erhöhen. Mit Bezug auf das Content Marketing kann es z. B. sinnvoll sein, Projektpartner, Kooperationspartner, Stammkunden, Zulieferer oder Dienstleister maximal einzubeziehen, z. B., indem sie Erfolgsgeschichten gemeinsam erzählen, aber individuell auf unterschiedlichen Plattformen ausspielen.

Eine Möglichkeit, gleichgesinnte Unternehmen zu treffen und sich effektiv zu vernetzen, ist z. B. die aktive Mitarbeit in Interessensgemeinschaften, Initiativen oder Branchenverbänden. Über die aktive Mitarbeit in solchen Netzwerken erhalten KMU mitunter äußerst effiziente Möglichkeiten, ihren Content ohne zusätzlichen Arbeitsaufwand zu multiplizieren und ihre Sichtbarkeit massiv zu erhöhen.

Bei der Auswahl geeigneter Partner ist es besonders wichtig, als kleines oder mittleres Unternehmen im Blick zu behalten, welcher konkrete Nutzen sich aus der Beteiligung an einer Organisation ergeben kann und was meine konkreten Ziele sind. Beispielsweise besteht bei einer Mitgliedschaft bei einem sehr großen Verband eventuell weniger aktive Mitgestaltungsmöglichkeit und – aufgrund der großen Masse an Mitgliedern – in Summe nur recht wenig Sichtbarkeit für ein kleines Unternehmen.

Wenn innerhalb einer sehr großen Organisation zudem keine kritische Masse ähnlich aufgestellter Firmen aus dem gleichen Technologiefeld aktiv sind, die eine Interessensgemeinschaft bilden können, ist die Anzahl gemeinsamer Aktivitäten stark limitiert und die Zusammenarbeit oftmals ineffizient.

Ein Beispiel ist der zeitintensive Aufbau eines eigenen Corporate-Newsletters. Gerade kleine Unternehmen stehen – spätestens seit der Umsetzung der DSGVO – vor dem Problem, dass allein der Aufbau eines nennenswerten Verteilers sehr schwierig geworden ist. Die Zusammenarbeit mit anderen Unternehmen oder über Fachverbände ermöglicht vielfache Synergieeffekte: eine deutlich höhere Taktung, Aktualität und einen größeren Verteilerkreis, der auf diesem Weg neue Kontakte auf die Webseiten der einzelnen beteiligten Unternehmen bringen kann. Zudem beeinflusst eine vielseitige Streuung der eigenen Nachrichten die Suchmaschinenrelevanz der eigenen Webseite sehr positiv durch hochwertige Backlinks.

Das Gleiche gilt in der Regel auch für Teilnahmen an gemeinschaftlich organisierten Messeständen. Branchenverbände sind oftmals in der Lage, einen Mehrwert zu bieten, indem sie in enger Zusammenarbeit mit Messegesellschaften und den Unternehmen thematische Schwerpunktbereiche entwickeln, begleitende Fachforen inhaltlich gestalten und betreuen sowie durch Content-Zuarbeit die Marketing-Kommunikation der Messe im Interesse der KMU aktiv mitgestalten. Das kleine oder mittlere Unternehmen profitiert dabei von einer deutlich gesteigerten Reichweite, Sichtbarkeit und vielen weiteren Synergieeffekten.

Auch regelmäßige Netzwerktreffen innerhalb von Branchenverbänden erleichtern das Knüpfen relevanter Kontakte und ermöglichen einen kontinuierlichen Informationsaustausch zu aktuellen Themen der eigenen Branche. Bei IVAM z. B. sind technische und strategische Fachgruppen etabliert worden, bei denen Verbandsmitglieder (und weitere Interessierte) zu aktuellen Themen Erfahrungen austauschen und gemeinsame Aktivitäten planen können. Beim Erfahrungsaustausch geht es auch immer darum, gemeinsam Lernkurven abzukürzen und damit effektiv Ressourcen zu schonen.

Zusammenfassend lässt sich sagen, dass Content Marketing auch für kleine und kleinste Unternehmen machbar und empfehlenswert ist. Der Ansatz, geplante Maßnahmen erstmal „lean" zu starten und bei Erfolg nach und nach zu professionalisieren, ist aus unserer Erfahrung am geeignetsten: Man kann genau die Ressourcen einbringen, die gerade im Tagesgeschäft zur Verfügung stehen. Im schlechtesten Fall hat man Erfahrungen gewonnen, im besten Fall qualifizierte Kontakte.

Ausblick

Das Buch gibt den Stand im Jahr 2025 zum Thema Content Marketing wieder. Die technologische Entwicklung im Marketing wird sich zum Beispiel durch Bereiche wie künstliche Intelligenz und Chatbots, Sprachassistenten und neue Kontaktpunkte zu Kundinnen und Kunden kontinuierlich und oft sehr schnell weiterentwickeln. Wenn man sich ins Jahr 2000 zurückversetzt, hätte man zu der Zeit noch nicht absehen können, was man mit Smartphones und mobilen Anwendungen im Marketing und im Kundenkontakt heute erreichen kann. Genauso wenig können wir genau voraussehen, was im Jahr 2036 stattfinden wird.

Um den Bogen zum Anfang zu spannen: Content Marketing wird dann immer noch wichtig sein. Für John Deere (Gardiner 2013) ist das seit 1895 der Fall. So kann guten Gewissens die Prognose getroffen werden, dass im Jahr 2036 das Thema Content Marketing immer noch präsent sein wird. Umso wichtiger ist es, dass Sie mit dem Thema beginnen und es mit Ausdauer und Geduld angehen.

Rückmeldungen, inwieweit dieses Buch eine Hilfe dabei ist, Vorschläge und Kritik sind willkommen.

Prof. Dr. Uwe Kleinkes, Hamm, Januar 2025

uwe.kleinkes@hshl.de

Weiterführende Literaturempfehlungen

Für das vertiefte Arbeiten:
Wer tiefer in das Content Marketing einsteigen möchte, kann bei den beiden folgenden Büchern fündig werden.

- Firnkes, Michael; PROFESSIONELLE WEBTEXTE & CONTENT-MARKETING, München: Hanser, 2014.
- Löffler, Miriam; Think Content! Bonn: Rheinwerk, 2016.
- Das Buch von Löffler ist sehr umfangreich und praktisch angelegt.

Für den Content-Spirit
Anglo-amerikanische Literatur kommt dem deutschsprachigen Publikum manchmal etwas marktschreierisch vor, doch es lohnt sich oft, die Bücher im Original zu lesen. Beim Thema Marketing-Innovationen ist die dortige Szene meistens schneller und aktueller. Hier sind zwei Bücher, die zu empfehlen sind:

- Pulizzi Joe; Epic Content Marketing: McGraw-Hill, 2014.
- Jefferson, Sonja; Tanton, Sharon; Valuable Content Marketing, London: KoganPage, 2013.

Glossar

Buyer Personas Archetyp eines Kunden oder einer Kundin, fiktives Kundenprofil bezogen auf einen Menschen mit Foto, Name, Hobbys, Einstellungen, soll die Adressierung von Kundentypen vereinfachen.

Call-to-Action bezeichnet eine konkrete Möglichkeit zum Handeln für den Lead bzw. den Kunden, zum Beispiel die Aufforderung, einen bestimmten Mitarbeiter anzurufen oder anzumailen.

Conversion Kunde bzw. Lead ändert Status in Customer Journey, z. B. vom Interessenten zum Käufer.

CPA Cost per Action; Aufwand, der mit einer erwünschten Aktion verbunden ist, z. B. Anmeldung für Newsletter

CPO Cost per Order

CPC Cost per Click

CPL Cost per Lead

Customer Journey Reise des Kunden bzw. der Kundin entlang von Kontaktpunkten mit dem Unternehmen, von der ersten Aufmerksamkeit über den Kauf bis hin zum After-Sales-Bereich.

Gated Content Kunde muss sich mit einem Account anmelden und damit ein „Gate" durchschreiten, um Content zu erhalten.

Generative KI künstliche Intelligenz-Modelle, die neue Inhalte erstellen können (Text, Bilder, Musik oder andere Medien)

Google Ads ist ein von Google zur Verfügung gestelltes System, um Werbeanzeigen zu schalten und zu verwalten.

Google Analytics beschreibt ein Tracking-Tool, mit dem Analysen von den eigenen Webseiten erstellt werden können.

H1-Tags bezeichnen in HTML-Dokumenten Überschriften, welche von H1 bis H6 durchnummeriert werden. H1 ist die erste (größte) Überschrift in der Hierarchie.

Haupt-Keyword zentraler Begriff für den Content auf der Internetseite, steht z. B. in H1-Tags.

Inbound Marketing Das Inbound Marketing ist eine Marketing-Methode, bei der der Kunde oder die Kundin mit relevanten und hilfreichen Inhalten angezogen werden soll. Im Gegensatz hierzu steht das klassische Outbound Marketing.

Intellectual Property übersetzt „geistiges Eigentum", also der Besitzanspruch auf Einfälle, Entwürfe und Erfindungen.

Internet-Domain „Internetadresse" wie z. B. www.springer.com.

Keyword Suchwörter, Begriffspaare oder Fragesätze, mit denen Kunden im Netz suchen.

KI-Suchmaschine Generative KI, die aktiv das Internet durchsuchen kann, z. B. perplexity.ai

KMU Kleine und mittlere Unternehmen; nach EU-Vorgaben streng genommen nur Unternehmen bis 250 Mitarbeiterinnen und Mitarbeitern.

KPI (Key Performance Indicator) Leistungskennzahl, z. B. Anzahl Downloads eines Dokumentes in einem bestimmten Zeitraum.

Lead vielversprechender Kundenkontakt am Anfang der Customer Journey, noch kein Kunde.

Lean Content Marketing Mit wenig Ressourcen Content Marketing zügig einsetzen und schrittweise ausbauen.

Longtail seltener nachgefragte Produkte, Begriffe bzw. Begriffskombinationen.

Longtail Keyword Keyword mit mehr als vier Begriffen.

Metadaten Wichtige Zusatzinformationen von Webseiten, die im HTML-Quelltext aufgeführt sind (zum Beispiel der Seitentitel einer Internetseite, Keywords und eine Seitenbeschreibung).

Mid-Tail Keyword Keyword mit zwei bis vier Wörtern.

NDA Non Disclosure Agreement (Geheimhaltungsvereinbarung).

Responsive Design Das Responsive Design passt sich der Größe des Browser-Fensters an, somit ist die Darstellung der jeweiligen Webseiten auf allen Geräten optimiert.

SEA Suchmaschinen-Werbung (Search Engine Advertising), kurz SEA, stellt ein Teilgebiet des Suchmaschinen-Marketings dar und bezeichnet bezahlte Maßnahmen für eine optimierte Markenpräsenz innerhalb von Suchmaschinen.

SEM Search Engine Marketing, kurz SEM, stellt ein Teilgebiet des Online-Marketings dar, fokussiert dabei die Gewinnung von Kunden mithilfe von Suchmaschinen.

SEO Search Engine Optimization, kurz SEO, bezeichnet alle Maßnahmen, die der Suchmaschinenoptimierung von Webseiten dienen.

SERP Search Engine Result Page.

Shorthead Keyword Keyword besteht aus einem Wort, oft Haupt- bzw. Fokus-Keyword.

Snippet Ein SERP-Snippet wird bei Google-Suchen aus Metadaten kreiert und ist ein kurzer Web-„Schnipsel", der oben in der Suche angezeigt wird.

Storytelling Mithilfe der Storytelling-Methode werden durch den Einsatz von Geschichten Informationen vermittelt.

W&V „Werben & Verkaufen", kurz: W&V, ist ein Wochenmagazin für Marketing und Kommunikation.

Website Gesamtheit aller Internetseiten auf einer Domain.

Whitepaper Whitepaper sind Ratgeber, die zusammengefasste Empfehlungen, Tipps, Analysen sowie Ratschläge zu bestimmten Themen beinhalten.

Literatur

Agarwala, Anant; Novotny, Rudi (2024): Künstliche Intelligenz: Das Internet ist kaputt. In: *Die Zeit*, 03.05.2024. Online verfügbar unter https://www.zeit.de/2024/19/kuenstliche-intelligenz-fake-accounts-bots-desinformation, zuletzt geprüft am 12.05.2024.

Ahrholdt, Dennis; Greve, Goetz; Hopf, Gregor (2019): Online-Marketing-Intelligence. Wiesbaden: Springer Fachmedien Wiesbaden.

Ammann, Paul (2021): Marktsegmentierung für Industriegütermärkte. Wiesbaden: Springer Fachmedien Wiesbaden, zuletzt geprüft am 01.11.2021.

Baur, Stefanie (2021): Ähnliche Firmen finden: Wie Du mit B2B-Lookalikes relevante Leads generierst. Online verfügbar unter https://www.echobot.de/sales-blog/b2b-sales/aehnliche-firmen-finden-lookalikes/, zuletzt aktualisiert am 11.05.2021, zuletzt geprüft am 11.05.2021.

Beuth, Patrick; Buschek, Christo; Heber, Max; Rosenbach, Marcel; Tanriverdi, Hakan (2024): Analyse von 5,8 Milliarden Trainingsdaten: Wie das Weltbild einer künstlichen Intelligenz entsteht. In: *DER SPIEGEL*, 26.03.2024. Online verfügbar unter https://www.spiegel.de/netzwelt/web/laion-5b-so-entsteht-das-weltbild-einer-kuenstlichen-intelligenz-a-dea0157b-d364-4622-8d77-3a1cb6c4afd1, zuletzt geprüft am 09.04.2024.

Birnbaum, Robert; Fiedler, Maria; Starzmann, Paul (2019): Youtuber Rezo vs. CDU: Womit er Recht hat und was einseitig ist. Hg. v. Tagesspiegel. Online verfügbar unter https://www.tagesspiegel.de/politik/die-cdu-und-das-youtube-video-womit-rezo-recht-hat-und-was-einseitig-ist/24377102.html, zuletzt aktualisiert am 21.02.2020, zuletzt geprüft am 21.02.2020.

Bloching, Björn; Heiz, Andreas (2017): Die Illusion der Kundenzentrierung. Fünf unbequeme Thesen zum digitalen Marketing. Heidelberg. Online verfügbar unter https://www.sas.com/content/dam/SAS/bp_de/doc/whitepaper1/imm-wp-fuenf-thesen-zum-digitalen-marketing-2401389.pdf.

Blochinger, Katharina (o.J.): Marketing Automation Software im Vergleich. Die 9 besten Marketing Automation Tools im Test. Hg. v. trusted GmbH. Online verfügbar unter https://trusted.de/marketing-automation, zuletzt geprüft am 07.01.2020.

Böhl, Lukas (2023): Rechtschreibprüfung mit KI: 8 Programme im Überblick. In: *Stuttgarter Nachrichten*, 21.06.2023. Online verfügbar unter https://www.stuttgarter-nachrichten.de/inhalt.rechtschreibpruefung-ki-mhsd.1924821b-c4ab-4ad2-b694-73d2ed2dca23.html, zuletzt geprüft am 16.04.2024.

Bomke, Luisa; Jahn, Thomas; Holzki, Larissa (2024): ChatGPT: OpenAI entwickelt offenbar KI-Suchmaschine. ChatGPT soll künftig direkt das Web durchsuchen. Marktführer Google muss handeln – und arbeitet selbst an Alternativen. Experten erwarten das Ende des Internets, wie wir es kennen. Hg. v. Handelsblatt. Online verfügbar unter https://www.handelsblatt.com/technik/ki/chatgpt-openai-entwickelt-offenbar-ki-suchmaschine/100037214.html, zuletzt aktualisiert am 16.05.2024, zuletzt geprüft am 17.05.2024.

Brinker, Scott (2014): A NEW BRAND OF MARKETING. The 7 Meta-Trends of Modern Marketing as a Technology-Powered Discipline. Online verfügbar unter http://chiefmartec.com/2014/03/new-brand-marketing-technology/, zuletzt geprüft am 07.01.2020.

Brynjolfsson, Erik; McAfee, Andrew (2016): The second machine age. Work, progress, and prosperity in a time of brilliant technologies. New York, London: W.W. Norton & Company.

Buckminster Fuller Institute (Hg.) (2014): 2014 Challenge receives plenty of press. Online verfügbar unter https://www.bfi.org/dymaxion-forum/2014/10/2014-challenge-receives-plenty-press, zuletzt aktualisiert am 10.06.2019, zuletzt geprüft am 21.02.2020.

Bundesverband Digitale Wirtschaft (BVDW) e.V. (2018a): Code of Conduct der Fokusgruppe – Content Marketing 2018. Online verfügbar unter https://

www.bvdw.org/zertifizierungen/content-marketing-code-of-conduct/, zuletzt geprüft am 19.07.2019.

Bundesverband Digitale Wirtschaft (BVDW) e.V. (Hg.) (2018b): KPIs im Content Marketing. A never ending Story. Unter Mitarbeit von SEPITA ANSARI, UWE FRICKE, OLIVER PLAUSCHINAT, SABINE WEGELE, MATTHIAS WESSELMANN, LEIF LEWINSKI und ULI ZIMMERMANN. Berlin. Online verfügbar unter https://www.bvdw.org/fileadmin/bvdw/upload/publikationen/content_marketing/BVDW_LF_KPIs_Content_Marketing_ES_20181122.pdf, zuletzt geprüft am 07.01.2020.

Bundesverband Digitale Wirtschaft (BVDW) e.V. (Hg.) (2018c): KPIs im Content Marketing. A never ending Story. Unter Mitarbeit von SEPITA ANSARI, UWE FRICKE, OLIVER PLAUSCHINAT, SABINE WEGELE, MATTHIAS WESSELMANN, LEIF LEWINSKI und ULI ZIMMERMANN. Berlin, zuletzt geprüft am 07.01.2020.

Chui, Michael; Hazan, Eric; Roberts, Roger; Singla, Alex; Smaje, Kate; Sukharevsky, Alex et al. (2023): The economic potential of generative AI. The next productivity frontier. Hg. v. McKinsey, zuletzt geprüft am 27.08.2023.

Cowley, Lindsey: Digital Advertising Report. Adobe Digital Index 2015. Online verfügbar unter https://www.cmo.com/content/dam/CMO_Other/ADI/ADI_Mobilegeddon/Q2-ADI-Digital-Ad-Report.pdf, zuletzt geprüft am 07.01.2020.

Dahm, Karl-Heinz; Sauermost, Michael: Die Z-Formel. Hinter ihren Smartphones wirken sie oft abwesend und unnahbar. Für Marketingagenturen und Unternehmen sind sie weltweit Phänomen und Herausforderung zugleich – die Jugendlichen von heute, im Fachjargon: Generation Z. In: *Markets International* 2019 (02), S. 8–17.

Deutsches Patent- und Markenamt (Hg.) (2024): Urheberrecht: Ihr Text, Ihr Bild, Ihre Musik – Welche Rechte Sie haben, wenn Sie ein Werk schaffen. Online verfügbar unter https://www.dpma.de/docs/dpma/veroeffentlichungen/broschueren/urheberrecht_dt.pdf, zuletzt geprüft am 22.03.2024.

Edersheim, Elizabeth Haas (2007): Peter F. Drucker. Alles über Management. Heidelberg: Redline (Redline Wirtschaft).

Eichholzer, Anita; Oberholzer, Glenn (2017): Customer Journeys. Kunden verstehen und mit phänomenalen Customer Journeys übersättigte Märkte erobern. 5. Auflage. Berlin: epubli.

Eliacik, Eray (2023): AI prompt engineering is the key to limitless worlds. The art of writing text prompts. Dataconomy. Online verfügbar unter https://dataconomy.com/2023/01/what-is-ai-prompt-engineering-examples-how/#AI_prompt_engineering_guide.

Europäisches Parlament (2020): Was ist künstliche Intelligenz und wie wird sie genutzt? Online verfügbar unter https://www.europarl.europa.eu/topics/de/article/20200827STO85804/was-ist-kunstliche-intelligenz-und-wie-wird-sie-genutzt, zuletzt aktualisiert am 19.03.2024, zuletzt geprüft am 19.03.2024.

explainity GmbH (2014): Crowdfunding einfach erklärt (explainity® Erklärvideo). Hg. v. explainity GmbH. Online verfügbar unter https://www.youtube.com/watch?v=mbVCLmxa2Z8, zuletzt aktualisiert am 27.10.2019.

Gardiner, Kate (2013): The Story Behind 'The Furrow', the World's Oldest Content Marketing. Contently. Online verfügbar unter https://contently.com/2013/10/03/the-story-behind-the-furrow-2/, zuletzt geprüft am 07.01.2020.

Google (2019): Startleitfaden zur Suchmaschinenoptimierung (SEO). Hg. v. Google. Online verfügbar unter https://support.google.com/webmasters/answer/7451184?hl=de, zuletzt geprüft am 17.05.2024.

Goudreau, Jenna (2018): Harvard psychologist Steven Pinker: The No. 1 communication mistake that even smart people make. CNBC. Online verfügbar unter https://www.cnbc.com/2018/02/20/harvard-psychologist-steven-pinker-shares-no-1-communication-mistake.html?__source=twitter%7Cmain, zuletzt geprüft am 07.01.2020.

Gründel, Verena (2020): Content vs. Werbung: So viele erkennen den Unterschied nicht | W&V. Hg. v. W&V. Online verfügbar unter https://www.wuv.de/agenturen/content_vs_werbung_viele_erkennen_keinen_unterschied, zuletzt aktualisiert am 24.02.2020, zuletzt geprüft am 24.02.2020.

Herrmann, Lena (2017): Mittelstand: Die vier größten Marketing-Probleme – und ihre Lösungen. Marketing im Mittelstand (W&V). Online verfügbar unter https://www.wuv.de/marketing/mittelstand_die_vier_groessten_marketing_probleme_und_ihre_loesungen, zuletzt geprüft am 07.01.2020.

Hillebrandt, Finn (2019): Keyword-Recherche in 2019: Die XXL-Anleitung, um Keywords zu finden und zu analysieren (inkl. Case Study). Online verfügbar unter https://www.blogmojo.de/keyword-recherche/, zuletzt geprüft am 07.01.2020.

Höhmann, Ingmar: Der Vertrieb ist der wichtigste Kunde des Marketings. Hg. v. Harvard Business Manager. 14.7.2017. Online verfügbar unter https://www.harvardbusinessmanager.de/blogs/der-vertrieb-ist-der-wichtigste-kunde-des-marketings-a-1167407.html, zuletzt geprüft am 07.01.2020.

Holland, Martin (2019): Facebook: Hunderte Millionen Passwörter im Klartext gespeichert. Heise Medien. Online verfügbar unter https://www.heise.de/security/meldung/Facebook-Hunderte-Millionen-Passwoerter-im-Klartext-gespeichert-4342184.html, zuletzt aktualisiert am 11.06.2019, zuletzt geprüft am 07.01.2020.

Janotta, Anja (2018): Content Marketing ist mehr PR als Werbung. Hg. v. W&V. Online verfügbar unter https://www.wuv.de/marketing/content_marketing_ist_mehr_pr_als_werbung, zuletzt geprüft am 07.01.2020.

Jefferson, Sonja; Tanton, Sharon (2013): Valuable Content Marketing. London: KoganPage. Online verfügbar unter https://www.valuablecontent.co.uk/valuablecontentmarketingbook.

Kesting, Tobias; Rennhak, Carsten (2008): Marktsegmentierung in der deutschen Unternehmenspraxis. Wiesbaden: Betriebswirtschaftlicher Verlag Dr. Th. Gabler I GWV Fachverlage GmbH Wiesbaden (Gabler Edition Wissenschaft). Online verfügbar unter http://gbv.eblib.com/patron/FullRecord.aspx?p=749592.

Kirchgeorg, Manfred (2019): Definition: Marketing. Online verfügbar unter https://wirtschaftslexikon.gabler.de/definition/marketing-39435/version-262843, zuletzt aktualisiert am 10.03.2019, zuletzt geprüft am 07.01.2020.

Kleinkes, Uwe (2019): Content Marketing Leitfaden. Hg. v. Business Metropole Ruhr. Essen. Online verfügbar unter https://business.metropoleruhr.de/projekte/greentechruhr/content-marketing-leitfaden/, zuletzt geprüft am 07.01.2020.

Kleinkes, Uwe; Hartmann, Eduard; Keirinn, Lars (2024): Generative AI in the high-tech sector: high benefits available and increased use expected. Hg. v. Hochschule Hamm-Lippstadt und IVAM. Online verfügbar unter https://www.ivam.de/research/executive_panel/generative-ai-in-the-high-tech-sector-high-benefits-available-and-increased-use-expected, zuletzt aktualisiert am 17.05.2024, zuletzt geprüft am 17.05.2024.

Kleinkes, Uwe; Hildebrand, Marcel (2020): Digital Marketing Monitor (2020). Digitaler Kundenkontakt und digitale Kundenschnittstellen von KMU in OWL und Dortmund. Hg. v. Hochschule Hamm-Lippstadt. Hamm.

Kleinkes, Uwe; Lehmann, Iris; Müller, Annette; Okroy-Hellweg, Mona (2013): Viele Hightech-KMU bei Social Media planlos. Einsatz von Internet/Social Media/Web 2.0 in Hightech-KMU zeigt Defizite und Chancen. Dortmund. Online verfügbar unter https://www.kleinkes.net/docs/studien-leitf%C3%A4den/nutzung-von-social-media/, zuletzt geprüft am 07.01.2020.

Koch, Thomas (2019): Werbesprech: Werbung nervt! Online verfügbar unter https://www.wiwo.de/unternehmen/dienstleister/werbesprech-werbung-nervt/6519856.html, zuletzt aktualisiert am 31.12.2019, zuletzt geprüft am 10.01.2020.

Kolowich, Lindsay (2018): What Is a Whitepaper? Hg. v. Hubspot. Online verfügbar unter https://blog.hubspot.com/marketing/what-is-a-whitepaper-examples-for-business, zuletzt geprüft am 07.01.2020.

Krichmayr, Karin (2024): Künstliche Intelligenz übertrifft menschliche Fähigkeiten immer schneller. In: *DER STANDARD*, 18.04.2024. Online verfügbar unter https://www.derstandard.de/story/3000000216233/kuenstliche-intelligenz-uebertrifft-menschliche-faehigkeiten-immer-schneller, zuletzt geprüft am 30.04.2024.

Kuenen, Klaus (2018): Customer-Journey-Prozess. Hg. v. Gabler Wirtschaftslexikon. Online verfügbar unter https://wirtschaftslexikon.gabler.de/definition/customer-journey-prozess-100259, zuletzt geprüft am 07.01.2020.

Lies, Jan (2019): Definition: Content-Marketing. Online verfügbar unter https://wirtschaftslexikon.gabler.de/definition/content-marketing-54236/version-277286, zuletzt aktualisiert am 19.07.2019, zuletzt geprüft am 19.07.2019.

Lobe, Adrian (2019): Nur was Google findet, existiert. Hg. v. Süddeutsche Zeitung. Online verfügbar unter https://www.sueddeutsche.de/digital/google-internet-wissen-suchmaschine-ungooglebarkeit-1.4349158, zuletzt geprüft am 07.01.2020.

Löffler, Miriam (2016): Think Content! Bonn: Rheinwerk.

Luhmann, Niklas (2014): Vertrauen. Ein Mechanismus der Reduktion sozialer Komplexität. 5. Aufl. Konstanz, Stuttgart: UVK-Verl.-Ges; UTB (UTB, 2185). Online verfügbar unter http://www.utb-studi-e-book.de/9783838540047.

Marketing und Sales Automation (2017). Hg. v. Uwe Hanning. Wiesbaden: SpringerGabler.

McKinsey (Hg.) (2023): What is prompt engineering? Prompt engineering is the practice of designing inputs for AI tools that will produce optimal outputs. Online verfügbar unter https://www.mckinsey.com/featured-insights/mckinsey-explainers/what-is-prompt-engineering, zuletzt aktualisiert am 22.09.2023, zuletzt geprüft am 26.04.2024.

Mintzberg, Henry; Ahlstrand, Bruce W.; Lampel, Joseph (2009): Strategy Safari. The complete guide through the wilds of strategic management. Second edition. Harlow, England, London, New York, Boston, San Francisco, Toronto: FT Prentice Hall Financial Times.

Osterwalder A., Pigneur Y., Bernarda G., Smith A. (2015): Value Proposition Design. Frankfurt: Campus Verlag. Online verfügbar unter https://strategyzer.com/books/value-proposition-design.

Philipp Alvares de Souza Soares; Kerkmann, Christof; Fröndhoff, Bert (2024): Künstliche Intelligenz: Wie Microsofts neuer KI-Assistent in deutschen Konzernen ankommt. In: *Handelsblatt*, 02.02.2024. Online verfügbar unter https://www.handelsblatt.com/technik/ki/kuenstliche-intelligenz-wie-microsofts-neuer-ki-assistent-in-deutschen-konzernen-ankommt/100007479.html, zuletzt geprüft am 21.03.2024.

Pulizzi, J. (2014a): Epic Content Marketing: McGraw-Hill.

Pulizzi, Joe (2014b): Epic content marketing. How to tell a different story, break through the clutter, and win more customers by marketing less. New York, NY: McGraw-Hill Education.

Rheinische Post (Hg.) (2007): Skurrile Produktwarnungen aus den USA. Online verfügbar unter https://rp-online.de/leben/ratgeber/skurrile-produktwarnungen-aus-den-usa_iid-23674963#5, zuletzt aktualisiert am 28.06.2018, zuletzt geprüft am 16.04.2024.

Rohr, Christian (2019): Wie Du Deinen SEO-Traffic in 30 Tagen erhöhen kannst! Ein 30-Tage-Planer mit praktischen Tipps & Tricks für Deine SEO! Hg. v. Hubspot und Ryte. Online verfügbar unter https://de.ryte.com/magazine/hubspot-seo-traffic-30-tagen, zuletzt geprüft am 07.01.2020.

Rösen, Sandra (2019): Ausbau einer effektiven Content-Marketing-Strategie für ein mittelständisches Technologieunternehmen. Ist Instagram der richtige Social-Media-Kanal für das Unternehmen Raith? Bachelorarbeit. Hochschule Hamm-Lippstadt, Hamm.

Rump, Jutta; Eilers, Silke (2013): Die jüngere Generation in einer alternden Arbeitswelt. Baby Boomer versus Generation Y. Sternenfels: Verl. Wissenschaft & Praxis (Schriftenreihe des Instituts für Beschäftigung und Employability IBE).

Samuelsson, Håkan (2020): Vision 2020 | Volvo Cars. Hg. v. Volvo Cars. Online verfügbar unter https://www.volvocars.com/en-jo/about/our-stories/vision-2020, zuletzt geprüft am 21.01.2020.

Sandra Rösen (2019): Ausbau einer effektiven Content-Marketing-Strategie für ein mittelständisches Technologieunternehmen. Ist Instagram der richtige Social-Media-Kanal für das Unternehmen Raith? Bachelorarbeit. Hochschule Hamm-Lippstadt, Hamm.

Schlömer, Britta (2018): Inbound! Das Handbuch für modernes Marketing. 1. Auflage. Bonn: Rheinwerk Verlag (Rheinwerk Computing).

Schmidt, Holger (2024): Die USA bauen ihren Vorsprung in der KI weiter aus. In: *Frankfurter Allgemeine Zeitung*, 16.04.2024. Online verfügbar unter https://www.faz.net/pro/d-economy/kuenstliche-intelligenz/die-usa-bauen-ihren-vorsprung-in-der-ki-weiter-aus-19658387.html, zuletzt geprüft am 07.05.2024.

Schwarze, Marcus (2024): Prompt der Woche: Wie Unternehmen beim Zugang zur KI sparen können. In: *Frankfurter Allgemeine Zeitung*, 21.02.2024. Online verfügbar unter https://www.faz.net/pro/d-economy/prompt-der-woche/wie-firmen-beim-zugang-zur-kuenstlichen-intelligenz-geld-sparen-koennen-19530061.html, zuletzt geprüft am 21.03.2024.

Scott, David Meerman (2017): The new rules of marketing & PR. How to use social media, online video, mobile applications, blogs, news releases, and viral marketing to reach buyers directly. Sixth edition. Hoboken, New Jersey: Wiley.

Song, Xinying; Zhou, Denny (2024): A Fast WordPiece Tokenization System. Hg. v. Google (Google Research Blog). Online verfügbar unter https://blog.research.google/2021/12/a-fast-wordpiece-okenization-system.html, zuletzt aktualisiert am 20.03.2024, zuletzt geprüft am 21.03.2024.

The Economist (2021): TikTok's rapid growth shows the potency of video. Online verfügbar unter https://www.economist.com/graphic-detail/2021/10/07/tiktoks-rapid-growth-shows-the-potency-of-video?utm_medium=socialmedia.content.np&utm_source=facebook&utm_campaign=editorial-social&utm_content=discovery.content.evergreen, zuletzt aktualisiert am 24.12.2021, zuletzt geprüft am 24.12.2021.

Töpper, Verena (2023): ChatGPT erschafft neuen Beruf: »Ein Jahresgehalt von 300.000 Dollar ist natürlich verlockend«. In: *DER SPIEGEL*, 06.12.2023. Online verfügbar unter https://www.spiegel.de/karriere/chatgpt-promptwriter-und-prompt-engineers-verdienen-bis-zu-335-000-dollar-im-jahr-a-a54a93a5-e20d-40e6-b235-28aec0bddaaa, zuletzt geprüft am 19.03.2024.

Wagener, Andreas (2019): Künstliche Intelligenz im Marketing – ein Crashkurs. Data Driven Marketing, Predictive Analytics, Deep Learning. 1. Auflage 2019. Freiburg im Breisgau: Haufe-Lexware (Haufe Fachbuch). Online verfügbar unter https://www.haufe.de/.

Weiß, Marcel (2024): Google-Vorherrschaft vor dem Aus: Wie werde ich heute gefunden? In: *Frankfurter Allgemeine Zeitung*, 16.10.2024. Online verfügbar unter https://www.faz.net/pro/digitalwirtschaft/kuenstliche-intelligenz/google-vorherrschaft-vor-dem-aus-wie-werde-ich-heute-gefunden-110049052.html, zuletzt geprüft am 17.10.2024.

Yemm, Graham (2012): Essential guide to leading your team. How to set goals, measure performance and reward talent. Harlow: Financial Times.

Zambito, Tony (2013): What is a Buyer Persona? Why the Original Definition Still Matters to B2B. Online verfügbar unter http://tonyzambito.com/buyer-persona-original-definition-matters/, zuletzt geprüft am 13.12.2019.

The manufacturer's authorised representative in the EU is Springer Nature Customer Service Centre GmbH, Europaplatz 3, 69115 Heidelberg, Germany. If you have any concerns regarding our products, please contact ProductSafety@springernature.com

Printed and bound by CPI Group (UK) Ltd, Croydon, CR0 4YY
25/03/2026
02078191-0008